Theodor von Frimmel
Beethoven Studien I
Beethovens äußere Erscheinung

Mit einem Vorwort von Melina Duracak

Frimmel, Theodor von: Beethoven Studien I
Beethovens äußere Erscheinung
Hamburg, SEVERUS Verlag 2013.
Nachdruck der Originalausgabe, München 1905.

ISBN: 978-3-86347-556-7
Druck: SEVERUS Verlag, Hamburg, 2013

Bibliografische Information der Deutschen Nationalbibliothek:
Die Deutsche Nationalbibliothek verzeichnet diese Publikation in der Deutschen Nationalbibliografie; detaillierte bibliografische Daten sind im Internet über http://dnb.d-nb.de abrufbar.

© **SEVERUS Verlag**
http://www.severus-verlag.de, Hamburg 2013
Printed in Germany
Alle Rechte vorbehalten.

Der SEVERUS Verlag übernimmt keine juristische Verantwortung oder irgendeine Haftung für evtl. fehlerhafte Angaben und deren Folgen.

SEVERUS

„Sein Spiel unterscheidet sich auch so sehr von der gewöhnlichen Art das Klavier zu behandeln, dass es scheint, als habe er sich einen ganz eigenen Weg bahnen wollen..."
(Carl Ludwig Junker)[1]

Nachdem der Kaplan Junker den damals gerade erst 21-jährigen Virtuosen Beethoven am Klavier hat spielen hören, spricht er zum ersten Mal aus, was Beethoven sein ganzes Leben als Komponist und Klavierspieler begleiten sollte: Er war originell. Originalität und Individualität zeichneten sowohl sein Spiel, als auch seine Kompositionen aus. Leere und glatte Technik ordnete er immer dem musikalischen Geistesblitz unter, was ihn zu einem der leidenschaftlichsten und brillantesten Vertreter seines Faches machte.

Als großer Bewunderer Mozarts, schien Beethoven nach dessen Tod der Einzige zu sein, der an die Virtuosität seines großen Vorgängers heranreichte: Er führte die Wiener Klassik zu ihrer höchsten Entwicklung und ebnete der Romantik den Weg. Unterricht nahm Beethoven auch bei Haydn, Schenk, Albrechtsberger und Salieri, in seiner Eigenart jedoch ließ er sich nie beirren.

Das brachte ihm nicht nur Bewunderer ein. Sein musikalisches Genie wurde auch oft verkannt. Ihm wurde unterstellt, er hasche nur nach Originalität und alles in seinem Spiel und in seinen Kompositionen sei überladen und übertrieben. Diese Kritik scheint jedoch nur auf Neid und Missfallen zu gründen. Wahren Musikkennern blieb Beethovens Genie nicht verborgen. Der damals äußerst beliebte und anerkannte Musiker Gelinek sagte über Beethoven, er sei kein Mensch, son-

---

[1] In einem Brief in „Bosslers musikalischer Korrespondenz" vom 23. November 1791 (Mitgeteilt bei Thayer I. S. 213).

dern ein Teufel, der jeden anderen tot spielt. Er phantasiere auf dem Klavier, wie selbst Mozart noch nicht phantasiert habe.

Beethovens freie und grenzenlose Phantasie ist das, was ihn ausmacht, was seine Werke lebendig macht. Theodor von Frimmel versucht in der vorliegenden Reihe diese Phantasie dem Leser näher zu bringen, um in den Werken, die bewundernd angehört oder selbst aufgeführt werden, die Magie zu entfachen, die den Hörer phantastischen Sphären ausliefert. Frimmel setzt dabei keinen Schwerpunkt auf die Vita oder Werkanalyse, sondern versucht Lebens- und Kunstgeschichte zu vereinigen, um dem Leser Beethoven möglichst ausführlich vorzustellen.

Theodor von Frimmel (1853-1928), ein österreichischer Kunsthistoriker, Musikwissenschaftler und einer der bedeutendsten Beethoven-Forscher, war einer der letzten, der noch Zeitgenossen Beethovens befragen konnte. In einer Reihe von Einzelstudien veröffentlicht er noch ungekannte Briefe Beethovens und Schriften aus dem Nachlass des Komponisten, die für die Nachwelt von großer Bedeutung blieben.

In dem vorliegenden ersten Band werden die äußere Erscheinung Beethovens und seine Bildnisse kritisch begutachtet. Der Autor analysiert hier, wie der Komponist zu verschiedenen Zeiten aussah und deckt dabei auch mißlungene und verfehlte Portraits auf, um dem Leser ein möglichst authentisches Bild des großen Meisters zu zeichnen. Dabei vermeidet er es jedoch, eine Beziehung zwischen Beethovens Äußerem und seiner Musik herzustellen. Die Kritik an den Quellen, aus denen sich unser Wissen über die Erscheinung Beethovens schöpft, ist der Hauptaspekt der Arbeit. In dieser kunstwissenschaftlichen Untersuchung legt Frimmel das Fundament zu der Vorstellung eines Genies: Beethoven.

Die musikgeschichtliche Analyse erfolgt im zweiten Band. In einer Anzahl von Aufsätzen beschäftigt sich Frimmel mit Beethovens gesellschaftlichen Kreisen und Einzelheiten aus seinem Leben. Die Arbeit ist keine chronologische Biographie, sondern eine Reihe von Ausführungen, die sich im Detail mit einzelnen Aspekten aus Beethovens Leben beschäftigen. So wird die Entstehung der Werke Beethovens analysiert, Beethovens Beziehungen zu wichtigen Persönlichkeiten durchleuchtet und einige seiner entscheidenden Aufenthalte ergründet.

Frimmels in vielen Jahren ausgearbeitete Studien führen einen näher an Beethoven heran, als es irgendeine wissenschaftliche Biographie könnte. Durch seine unmittelbare Erzählweise versetzt der Autor den Leser in die Welt der Wiener Klassik zurück. Er schildert ausführlich, wie er Zeitgenossen und Kenner des Künstlers trifft und befragt, woher die bis dahin unveröffentlichten Urkunden und Briefe Beethovens stammen und er untermalt seine Ausführungen mit ausgiebigen Zitaten Beethovens und anderer in diesem Zusammenhang wichtiger Personen.

Frimmel öffnet hier den Vorhang zur Vorstellung: Beethoven. Er spielt uns die Melodie der bis in den Wahnsinn gesteigerten Phantasie, der überirdischen Leidenschaft, er spielt den Ton, der unser Herz angreift. Er macht uns mit Beethovens Denken, Fühlen und Handeln vertraut und führt uns so noch näher an seine ganz besondere Eigenart heran. Frimmels Nachlass ist einzigartig in seiner Genauigkeit und seiner zeitlichen Nähe zu Beethoven. Er deckt akribisch Einzelheiten aus Beethovens Lebensgeschichte auf und liefert somit die

Bausteine, die auch von besonderer Relevanz für die heutige Forschung sind, um das Leben und das Werk des Meisters zu ergründen. Seine Ergebnisse sind Zeugnisse auf deren Grundlage weiterführende Studien unserer heutigen Zeit aufgebaut sind. Doch noch immer hat die jüngste Beethoven-Forschung nicht jeden Aspekt erforscht. Hier bieten Frimmels Quellen einen Anhaltspunkt, der fortgesetzt werden kann, denn diese außergewöhnliche Vorstellung eines Künstlers, der sich seinen ganz eigenen Weg bahnen wollte, endet nie.

Von Melina Duracak

Vorwort

Der Verlag Georg Müller will die Beethovenstudien herausgeben, die ich seit vielen Jahren vorbereitet habe. Als erstes Heft, oder wenn man will, erstes Buch dieser Reihe werden meine Forschungsergebnisse in Bezug auf Beethovens äussere Erscheinung und seine Bildnisse veröffentlicht. Beethoven soll in dieser Studie den Lesern, die gewiss seine Werke mit Bewunderung anhören oder selbst aufführen, vorgestellt werden, wie er zu verschiedenen Zeiten aussah, und dieses Vorstellen soll mit kritischer Vorsicht geschehen. Beethoven, wie er bei solch vorsichtiger Betrachtung aussieht, ist ein wesentlich anderer, als man sich ihn zumeist bis in die neueste Zeit vorgestellt hat. Einige misslungene Porträts, die trotz ihrer verfehlten Wiedergabe der Züge ungeheuer verbreitet sind, bilden ja noch heute bei ungezählten Musikern und Musikfreunden die schiefe Grundlage für die Vorstellung: Beethoven. Erst ganz allmählich bricht sich besseres Verständnis Bahn. Ich hoffe nun, dass die kritischen Erörterungen meines Buches nicht nur viele alte Vorurteile beseitigen, sondern auch an ihre Stelle neue fest begründete Ansichten setzen werden. Eine ältere Studie über denselben Gegenstand, die in meinem Buch „Neue Beethoveniana" erschienen ist, diente zwar als Vorarbeit für das vorliegende Bändchen, doch wurde sie an vielen Stellen durch neue Funde erweitert, und auch die dem Wesen nach beibehaltenen Abschnitte mussten tüchtig durchgeknetet und durchgesiebt werden. Nun ist aus dem alten Artikel ein neues Buch geworden. Das spricht wohl zugunsten einer neuerlichen Veröffentlichung auf dem besprochenen Gebiet, und eine besondere Begründung der Herausgabe dieses Bandes ist wohl kaum nötig. Trotzdem meine ich, mitteilen zu sollen, dass die ältere kleine Studie längst vergriffen und bisher durch keine umfassende Neubearbeitung des Themas ersetzt ist. Überdies muss ich einige Worte über Plan und Absicht der Arbeit aussprechen. So weiss ich z. B., dass es manchem ausdrücklich gesagt werden muss: ich suche keine Beziehungen zwischen Beethovens Äusserem und seiner Musik nachzuweisen. Dieses Bändchen ist keine musikgeschichtliche Untersuchung, sondern eine, die dem Gebiet der bildenden Künste angehört, ebenso wie etwa eine Arbeit über die Bildnisse irgendeiner anderen bedeutenden Persönlichkeit. Musikgeschichtliche Arbeiten folgen in der Reihe der Beethovenstudien später nach. — Dann will ich auch feststellen, dass ich kein beschreibendes Verzeichnis der Bildnisse Beethovens beabsichtigt habe, wie man ein solches etwa als Nachschlagebuch für den Handel mit Kunstblättern wünschen würde. — Die K r i t i k aber der ursprünglichen Q u e l l e n, aus denen unsere Kenntnisse über Beethovens äussere Erscheinung geschöpft werden, war das H a u p t z i e l der Arbeit. Daher bin ich kaum über die ursprünglichen Bildnisse hinausgegangen, und die späteren Erzeugnisse, wie hoch sie auch als Kunstwerke stehen mögen, sind nur im Vorübergehen angedeutet worden.

Nicht zu versäumen ist es, gütige Förderung der Arbeit des besonderen zu erwähnen und dafür zu danken. Mehrere Besitzer von Originalbildnissen haben mir in mehr oder weniger freundlicher Weise die Nachbildung ihrer Beethovenporträts gestattet. In erster Linie danke ich dem Verein Beethovenhaus in Bonn, der mir die Platte des Lichtkupferdruckes mit Schimons Beethovenbildnis gütigst für meine Zwecke zur Verfügung gestellt hat. In der vorzüglichen Wiener Kupferdruckerei Schönikle (Pisanis Nachfolger) wurden die Titelbilder dieses Buches mit Sorgfalt hergestellt. Für geliehene Originale, photographische Nachbildungen und für Auskünfte habe ich nach mehreren Seiten meinen Dank abzustatten. In einigen Fällen ist dies im Text oder in den Fussnoten des Buches geschehen. An dieser Stelle sei den Firmen Breitkopf & Härtel und C. F. Peters in Leipzig, Artaria & Cie. in Wien und Herrn Dr. August Heymann ebendort für ihr Entgegenkommen gedankt. Von den Besitzern der Hornemanschen Miniatur wurde eine neue Aufnahme entschieden verweigert, und ich musste mich mit der alten Nachbildung begnügen. Auch eine Aufnahme des ersten Mählerschen Bildes wurde wenigstens vorläufig noch nicht gestattet.

Für das Register bin ich der Verlaghandlung zu Dank verpflichtet.

Wien, 10. November 1905.

Der Verfasser

Bildniskunde ist heute eine leidlich wohlbestellte Wissenschaft. Wenngleich noch nicht ebenmässig ausgebaut, hat sie doch mindestens schon recht viele zum teil gelungene Einzelforschungen aufzuweisen, veröffentlicht in Zeitschriften und Büchern. Den Bildnissen berühmter Griechen und Römer sind grosse Werke gewidmet worden. Visconti und Bernoulli sind es, die sich um diesen Gegenstand erfolgreich bemüht haben. Karls des Grossen Porträte sind des besonderen studiert worden. Gestalten aus späteren Zeiten, ein Dürer, Lukas van Leyden, ein Raffael, Rubens, Rembrandt, eine Maria Stuart, Marie Antoinette, ein Napoleon I., der Prinz von Reichstadt, Dante, Shakespeare, Kant, Goethe, Schiller, Mozart, Richard Wagner und so viele andere haben in ihren Bildnissen eingehende Behandlung gefunden. Bei B e e t h o v e n fehlt es nicht an zahlreichen Versuchen, sich in irgendeiner Weise über seine Porträte klar zu werden. Kleine Streitigkeiten über den Gegenstand, wir werden davon hören, gab es bald nach dem Tode des Meisters. Sie haben auch in neuerer Zeit nicht gefehlt. Verhältnismässig früh befasste man sich auch mit Zusammenstellungen. So ist 1839 in Castellis „Allgemeinem musikalischen Anzeiger" (S. 206 f.) ein kurzes „Verzeichnis der sämtlichen Porträts von Ludwig van Beethoven" von Alois Fuchs erschienen.¹) Freilich steckt diese kleine Aufzählung trotz ihrer Kürze so voller Ungenauigkeiten, dass sie für uns wenig Bedeutung hat. Alois Fuchs vervollständigte seine Zusammenstellung, die er in erweiterter Form 1845 der „Allgemeinen Wiener Musikzeitung" von August Schmidt überliess als „Verzeichnis aller bisher erschienenen Abbildungen L. van Beethovens, zusammengestellt von Alois Fuchs, Mitglied der k. k. Hofkapelle." Zu dieser Veröffentlichung bot die Enthüllung des Beethoven-Monuments in Bonn den unmittelbaren Antrieb. In zweiter Reihe mochte auch das Erscheinen der Beethovenbiographie von Anton Schindler anspornend gewirkt haben.²) 1840 war die erste Auflage erschienen, die mit dem Schimonschen Beethovenbildnis geziert war. „Zum Beschluss dieser biographischen Schrift" gab Schindler eine Beschreibung von Beethovens Äusserem, woran er eine kurze Erörterung „der besten Abbildungen" knüpfte. Ganz augenscheinlich ist es, dass sich Schindler damals noch nicht eingehend mit der Angelegenheit beschäftigt hatte. In den späteren Auflagen der Beethovenbiographie und in

---

¹) No. 97 vom 14. August (1845), S. 358 f. Sonderabzüge sind äusserst selten. Ich besitze ein Exemplar mit der Widmung „Für Herrn C a r l v. H o l z von Aloys Fuchs". Das Fuchssche Verzeichnis der Beethovenbildnisse wird kurz erwähnt in L. A. Frankls Sonntagsblättern von 1845 (No. 33). Siehe auch A. W. Thayer „Ludwig van Beethovens Leben" III. 296. — In derselben Zeitschrift Castellis gab Fuchs auch Verzeichnisse der Porträte von Jos. Haydn, W. A. Mozart und G. Fr. Händel.

²) Es gibt vier Ausgaben der Schindlerschen Beethovenbiographie, von denen jedoch (wie mir die Aschendorffsche Verlagshandlung freundlichst mitteilt) nur die dritte ein Neudruck ist. Dieser erschien 1860. Die vierte Ausgabe von 1871 stimmt mit der dritten überein. Ich führe in dieser Studie stets die vierte Ausgabe an (als „Schindler"), wenn nicht ausdrücklich die erste Auflage oder eine andere Arbeit Schindlers genannt wird.

einer Polemik ging Schindler etwas näher auf das Thema ein, freilich nicht immer ganz ohne Voreingenommenheit. Kehren wir aber zu Fuchs und zu seinem Verzeichnis zurück. Fuchs war selbst Besitzer einer ansehnlichen Sammlung von Beethovenbildnissen — sie ist seither an die Königliche musikalische Bibliothek nach Berlin gelangt — und er hatte den grossen Komponisten noch persönlich gekannt. Dadurch werden manche seiner Mitteilungen wertvoll, wenigstens insofern, als man annehmen kann, sie seien innerhalb des Beurteilungskreises unseres Beobachters gelegen gewesen. Da berichtet z. B. Alois Fuchs folgendes: „Und diejenigen, welche das Glück hatten, Beethoven noch persönlich zu kennen, werden mir beistimmen, wenn ich es leider aussprechen muss: wie wenige der zahlreichen Abbildungen seine höchst charakteristische Gesichtsbildung in der äusseren Form dem Geiste nach vollkommen wiedergeben. Wie mich Leute von Fach versicherten, soll die Ursache hiervon zum Teil in der etwas unstäten und immer bewegten Haltung dieses Mannes gelegen sein." Fuchs hat gewiss zum Teile recht mit diesem Urteil, namentlich wenn er aus der grossen Schar der Kunstblätter, die er verzeichnet, nur wenige als gelungen gelten lässt. Ich glaube aber nicht, dass er die „Ursache" dieses Übelstandes so ganz allgemein in Beethovens unstätes Wesen verlegen durfte. Im Verlaufe dieser Studie werde ich Gelegenheit haben anzudeuten, wie unsere heutige Anschauung den Zusammenhang auffassen muss. Die verhältnismässig niedrige Stufe der Malerei in Wien gerade zur Zeit, als Beethoven da lebte, ist sicher in der Angelegenheit von bestimmendem Einfluss. Auch in bezug auf die Vollständigkeit in der Aufzählung können wir uns nicht begnügen mit dem, was Fuchs gegeben hat, obschon er in seinem zweiten Verzeichnis von 1845 viele Seltenheiten aufzählt. Überdies hat Fuchs noch keine strenge Scheidung der Originalbildnisse von den späteren Produkten durchgeführt.

Sehr bescheiden ist dann die Ausbeute, die wir aus einem Abschnitte des thematischen Verzeichnisses der Werke Beethovens von 1851 gewinnen (S. 154 f.). Erst in der zweiten Auflage von 1868 wird mehr geboten, ohne dass die Kunde der Beethovenbildnisse damit über eine trockene, unkritische Aufzählung hinausgekommen wäre. Das Porträtverzeichnis, welches dem Artikel: „Beethoven" in C. v. Wurzbachs Lexikon (1856) beigegeben ist, strebt grössere Reichaltigkeit an.

In der „Gartenlaube" von 1869 versuchte J. C. Lobe eine kleine Zusammenstellung, die Beethovens Äusseres betrifft (S. 648). Lobe kannte offenbar von den Originalbildnissen und Personsbeschreibungen Beethovens nur den kleinsten Teil, weshalb sein vergleichendes Urteil und seine Begünstigung des Stielerschen Porträts keinen vollen Wert beanspruchen dürfen. 1870 gab C. F. Pohl eine knappe Aufzählung der Beethovenbildnisse, die sich im Besitze der Gesellschaft der Musikfreunde zu Wien befinden.[1]) In den Beethovenbiographien von L. Nohl und A. W. Thayer handeln nur einzelne Stellen von Bildnissen des Meisters.

Die neuere Zeit gibt einen einschlägigen Versuch von R. Springer in der „Neuen Berliner Musikzeitung"[2]) zu verzeichnen. Die Springersche Arbeit erhebt keinen Anspruch auf Vollständigkeit,[3]) ebensowenig als ein kleiner Gelegenheitsartikel in der Wiener „Presse" vom 20. Oktober 1884. Ein Vortrag, den ich am 4. Februar 1886 über den Gegenstand im „Wissenschaftlichen Klub" zu Wien gehalten habe, war seiner Natur nach nur für einen

---

[1]) Im Jahresberichte des Konservatoriums von 1870, S. 15.
[2]) Jahrgang 1880, No. 9, 10 und 11.
[3]) Vgl. hierzu Kastners „Wiener musikalische Zeitung" (Beilage), Dez. 1886, S. 51.

kleinen Kreis von Beethovenfreunden bestimmt und ist nicht im Druck erschienen. Einen knappen Auszug brachte das Monatsblatt des Klubs.[1])

Wer sich also damals für Beethovenbildnisse interessierte, konnte sich aus der Literatur nur geringe Auskunft holen.[2]) Gern oder ungern musste er sich auf einen mühevollen Weg vorbereiten, der ihn zu kleinen und grossen Kunstsammlungen führte. Im Conservatoir de musique zu Paris hat er ebenso Einkehr halten müssen, wie im Pariser Kupferstichkabinett und in der Hofbibliothek und der kaiserlichen Familienfideikommissbibliothek zu Wien, in der Albertina, in der Samlung der Gesellschaft der Musikfreunde ebendort. In Berlin erwartete ihn die Königliche musikalische Bibliothek, welche die schon erwähnte Fuchssche Sammlung von Beethovenbildnissen bewahrt. Bei Privaten fand er manches Originalgemälde, manche alte Büste, manchen seltenen Kupferstich. Bald kamen dazu die Beethovensammlungen des Vereins Beethovenhaus in Bonn und des Museums der Stadt Wien.[3])

---

[1]) Im VII. Jahrgang, No. 11.

[2]) Die Porträtkataloge von J. Heitzmann, W. E. Drugulin, Schroeder und unzählige neuere Kataloge geben begreiflicherweise nur trockene Aufzählungen. Lenz in „Beethoven et ses trois styles" (I. 154) versucht eine Charakterisierung der äusseren Erscheinung Beethovens, vgl. auch Lenz: „Beethoven, eine Kunststudie" I. 282 ff. Kurze Abschnitte über das Thema u. a. auch in den Beethovenbiographien von Viktor Wilder (p. 182 ff.) und von Prof. Cav. Leop. Mastrigli (p. 36 ff.). Ein knappes Verzeichnis bei R. Rolland „Beethoven" (p. 88 ff.).

[3]) Vieles Material zum Studium der Bildnisse Beethovens, wenngleich unkritisch zusammengewürfelt, fand sich auf der internationalen Ausstellung für Musik und Theaterwesen von 1892 in Wien. Die Sammlung F. N. Manskopf zu Frankfurt a. M. birgt manches interessante einschlägige Material. Herr Kunsthändler Kaiserl. Rat Aug. Artaria besass solches seit Jahren und hat es an die heutige Firma Artaria vererbt.

Dieses aber waren nicht die einzigen Quellen, die uns zur Verfügung standen, wenn es sich darum handelte, uns die äussere Erscheinung des Künstlers vor dem geistigen Auge wieder aufzubauen. Man fand auch Unterstützung an dem, was Beethovens Zeitgenossen über seine Gestalt, seine Züge, überliefert haben, was sie von seinem Gang, seinem Blick zu berichten wissen. Eine sichere Grundlage wurde uns in mancher Beziehung überdies durch die irdischen Reste des grossen Toten gewährt. Zu Weihnachten 1887 erschien dann mein Buch „Neue Beethoveniana", in welchem der Abschnitt „Beethovens äussere Erscheinung, seine Bildnisse" den Versuch machte, alles kritisch zusammenzufassen, was bis dahin über das Thema bekannt war, um daraus eine Wiederherstellung des äusseren Menschen Beethoven abzuleiten. Der Versuch wurde mit freudiger Anerkennung von vielen Seiten begrüsst.

Seit dem Erscheinen der ersten Auflage[1]) sind nun, neben sehr vielen falschen auch einige wirkliche, echte

---

[1]) Eine zweite Titelausgabe erschien 1890. Im Herbst 1892 befasste sich die „Zeitschrift für bildende Kunst" (Neue Folge IV. S. 18 ff.) mit dem Thema. Ein freilich etwas sorglos hergestelltes Verzeichnis von Beethovenbildnissen findet sich bei Wlassak im Katalog der Porträtsammlung der k. k. General-Intendanz der k. k. Hoftheater 1892—1894 (die katalogisierte Sammlung ist vor einiger Zeit an die Wiener Hofbibliothek abgegeben worden). Viele Abbildungen, darunter auch eine nach einem unrichtig benannten Beethovenbildnis standen in „The musikal Times" vom 15. Dezember 1892. Der Vollständigkeit wegen erwähne ich auch die Beethovenbildnisse in meinem „L. v. Beethoven" (Berlin, Verlag „Harmonie", 1. und 2. Auflage) und meinen Text zu Werkmeister: Das neunzehnte Jahrhundert in Bildnissen (Berlin, Photographische Gesellschaft), sowie meine Studie in der „Rivista musicale italiana" (Fratelli Bocca) von 1897. — Ein gewiss nur zufällig zusammengekommenes Material wird aufgezählt bei Sauerhering: Bildnisse von Meisterhand (III. Teil des „Vademecum für Künstler und Kunstfreunde", Stuttgart, P. Neff, 1904).

Bildnisse Beethovens neu aufgefunden und veröffentlicht worden. Nicht wenige Neuigkeiten gab es auch aus Beethovens Lebensgeschichte zu verzeichnen, Neuigkeiten, die auch für die Bildnisfrage zu beachten waren, und so dürfte denn eine neuerliche zusammenfassende Bearbeitung des Gegenstandes den Freunden Beethovens willkommen sein.

Als ältestes Beethovenbildnis muss ein **Schattenriss** gelten, der uns das Profil des jungen, ungefähr sechzehnjährigen Knaben wiedergibt. Der Schattenriss selbst ist meines Wissens nicht erhalten, seine Nachbildung aber liegt uns vor in der kleinen Lithographie, welche den „Biographischen Notizen" von Wegeler und Ries vorangestellt ist.[1]) Nebenstehend geben wir eine phototypische Wiederholung jener Silhouette. Sie zeigt uns einen rechtshin gewendeten Kopf, der auf einem gar kurzen Halse sitzt. Eine fliehende Stirn von mässiger Höhe, fast kleine Nase, die ein wenig aufgebogen ist, und stark vortretende Kiefer sind bemerkbar. Ein Zöpfchen war um 1786 noch unerlässlich. Auch fehlt der Jabot nicht. Die Silhouette wurde nach dem Zeugnis

Beethovens Schattenriss von 1786.

---

[1]) „Lith. von Gebr. Becker in Coblenz 1838" lautet die Bezeichnung des Blättchens.

von Beethovens Jugendfreund Wegeler im Hause der Familie von Breuning in Bonn von einem sonst kaum bekannten Maler Neesen[1]) gefertigt, der auch die Schattenrisse sämtlicher Mitglieder der Familie von Breuning hergestellt hat.[2])

Wie es scheint, wurde auch einer der jüngeren Brüder Beethovens damals silhouettiert. Denn es hat sich die Nachbildung eines zweiten Schattenrisses erhalten, der augenscheinlich von demselben Silhouettisten herrührt und an dem eine Art Überlieferung haftet, Ludwig van Beethoven sei darauf dargestellt. Wenngleich im allgemeinen etwas richtiges in dieser

---

[1]) Neesen war vermutlich ein gewöhnlicher Schattenbildmacher und kein eigentlicher Künstler. Sagt doch Nicolai von den Silhouettisten: „Sie möchten gerne Künstler heissen, ohnerachtet die allermeisten fast gar nichts von irgendeiner Kunst wissen ..." (Beschreibung einer Reise durch Deutschland und die Schweiz im Jahre 1781 IV. 455 u. 521 aus Anlass der Schattenrisse bei Lavater.)

[2]) Vgl. Wegeler und Ries: Biographische Notizen über Ludwig van Beethoven, S. 52. Die Unterschrift der kleinen Lithographie besagt, Beethoven sei hier „in seinem 16. Jahre" dargestellt. Dem entsprechend lautet auch der Text. Nun schien es nach A. W. Thayers Erörterungen, dass Beethoven in seinem 16. Jahre bei Breunings noch nicht verkehrt hat. A. W. Thayer (in seiner Beethovenbiographie I. S. 169 ff. und 225; ich führe im folgenden immer die I. Auflage an, von der zweiten ist erst der 1. Band erschienen, der für Bildnisangelegenheiten nichts Neues von Belang enthält) versetzt nämlich Beethovens Verkehr mit Breunings in die letzten Jahre vor Beethovens Übersiedlung nach Wien (im November 1792), also erst in die Zeit nach dem Herbste 1787. Die Silhouette lässt Thayer im Jahre 1789 entstanden sein. Aus dem Bildchen selbst möchte man eher auf ein früheres Alter schliessen, wie es denn auch eine neuerliche Mitteilung aus der Familie Wegeler ziemlich klar macht, dass die alte Quelle volle Zuverlässigkeit besitzt und dass demnach die Silhouette den etwa sechzehnjährigen Beethoven darstellt. Vgl. H. Pohles „Hamburger Signale" vom 5. März 1892 (nach der Coblenzer Zeitung und Kölnischen Zeitung vom Mai 1890).

Tradition stecken dürfte, so kann man ihr doch nicht bis auf den Vornamen Glauben schenken. Der zweite Schattenriss, eine Knabenbüste im Profil nach links, gehört jetzt Herrn Zahnarzt Dr. P. Wangemann in Aachen.[1]) Dieser hat ihn aus der Familie Anschütz. Man weiss, dass Beethoven mit dem Wiener Schauspieler Heinrich Anschütz befreundet und dass um 1786 Jos. Andreas Anschütz Staatsprokurator und Musikdirektor in Koblenz war.[2]) Daher eine gewisse Wahrscheinlichkeit, dass sich überhaupt eine Beethovenüberlieferung erhalten konnte. Doch will jeder Punkt der Überlieferung genau erwogen sein, und dann komme ich zu dem Ergebnis, dass n i c h t L u d w i g van Beethoven, sondern einer seiner jüngeren Brüder auf der Silhouette bei Dr. Wangemann dargestellt ist. Es mag Caspar Anton Carl, geboren 1774, sein, oder (Nikolaus) Johann, der 1776 zur Welt gekommen

---

[1]) Herr Direktor D. A. K i s a hatte die sehr dankenswerte Freundlichkeit, mich auf das Blättchen aufmerksam zu machen. Ich erbat mir darauf das Original von Herrn Dr. Wangemann und fand eine aufgeklebte Lithographie, die, soweit sich's heute feststellen lässt, auf demselben Papier abgedruckt ist, wie die Silhouette in den biographischen Notizen von Wegeler und Ries. Die Originalsilhouette ist in diesem Falle ebensowenig mehr vorhanden, als die für das Blatt, das bei Wegeler und Ries vorkommt. Danach scheint es, dass man diese z w e i t e Silhouette hat lithographieren lassen, als die Herausgabe der Biographischen Notizen vorbereitet wurde. Dass man sich dann für die andere (längst bekannte) entschied und die zweite fallen liess, beweist ziemlich klar, wie sehr Wegeler und Ries die Überzeugung hatten, dass die zweite n i c h t Ludwig van Beethoven darstelle.

[2]) Heinrich Anschütz teilte seine Bekanntschaft mit Beethoven selbst mit. Sie begann 1822 und dauerte aus (vgl. „Heinrich Anschütz, Erinnerungen aus dessen Leben und Werken, nach eigenhändigen Aufzeichnungen und mündlichen Mitteilungen", Leipzig, Reclam, 1866). — Über Jos. Andreas Anschütz erhielt ich Auskunft aus der Familie durch gütige Vermittlung Herrn Dr. Wangemanns in Aachen.

war.¹) Gegen die Annahme, es sei etwa doch Ludwig van Beethoven dargestellt, spricht mit lauter Stimme das Profil selbst. L u d w i g van Beethoven hatte, wie namentlich aus dem Schädelprofil hervorgeht, eine f l i e h e n d e S t i r n. Dieser Zug fehlt nun auf der Silhouette Wangemanns, wogegen er auf dem Schattenriss bei Wegeler und Ries bestens ausgedrückt ist. Im übrigen sehen sich die beiden Silhouetten so ähnlich, dass die schon von A. Kisa (brieflich) geäusserte Vermutung recht viel für sich gewinnt, es sei einer der Brüder Beethovens dargestellt.

Auf keinen Fall stellt die Silhouette bei Wangemann unseren Ludwig van Beethoven vor, und wir wenden uns

---

¹) Die Überlieferung, auf die ich anspiele, ist erst sehr spät, 1894!!, schriftlich festgehalten worden. Sie sagt aus, dass Ludwig van Beethoven die Silhouette (jetzt bei Wangemann) 1786 dem Herrn Jos. Andreas Anschütz in Koblenz geschenkt habe. Dagegen spricht zunächst, dass man von einer Anwesenheit Beethovens in Koblenz 1786 keinerlei Kunde hat. Zudem müsste es der Originalschattenriss gewesen sein, der 1786! in Koblenz verschenkt wurde, denn die Lithographie!, die jetzt vorliegt, ist doch gewiss später, vermutlich erst in den 1830er Jahren, angefertigt worden. Sicher liegt eine Verwechslung, Verwirrung vor. Ein tatsächlicher Zusammenhang zwischen der Familie Anschütz und Beethoven und das Vorhandensein einer Lithographie, die man für eine Originalsilhouette nahm, konnte leicht zu irgendwelcher (unabsichtlichen) Mythenbildung Anlass geben. — Meine Bitte um genaue Aufklärung des Zusammenhanges wurde von Herrn Dr. Wangemann noch nicht erfüllt. — Auf der Lithographie steht unter dem Bildchen selbst: „C" [NB. oder E, n i c h t L] „Beethoven" und die Jahreszahl „1786", und das in Zügen, die nach Ludwig van Beethovens s p ä t e r e r Handschrift gebaut zu sein scheinen. Keineswegs beweist d i e s e Unterschrift, dass L u d w i g v. Beethoven mit dem Bildchen gemeint ist. D i e s e Unterschrift könnte gar nicht 1786 entstanden sein. Sie macht es denn auch nur wahrscheinlich, dass für die Lithographie ein Original vorgelegen hat, zu dem Ludwig van Beethoven viel später den Namen seines Bruders Caspar vermerkt hat.

nun wieder dem Profilköpfchen bei Wegeler und Ries zu, das doch so gut beglaubigt ist. Bringen wir es mit bekannten Ereignissen aus Beethovens Leben in Zusammenhang.

Beethoven war damals, als er silhouettiert wurde, schon (seit 1784) kurfürstlicher Hoforganist des Erzbischofs Maximilian Franz. Damals hatte er schon mehrere kleine Werke fürs Klavier und für die Orgel geschaffen. Etwa 1786 mag auch das Trio für Klavier, Flöte und Fagott und die Elegie auf den Tod eines Pudels entstanden sein, die erst in neuerer Zeit gedruckt worden sind. Jedenfalls aber waren es noch nicht der Ruhm des Musikers, sondern die nahen Beziehungen zur Familie von Breuning, die dem Jüngling zu einer Verewigung seines Profils verhalfen. Wir sehen, soweit die Silhouette auch den Körper wiedergibt, den jungen Komponisten im Staatskleide vor uns, wie es im „Fischerschen Manuskripte", einer vielfach brauchbaren Quelle für die Geschichte von Beethovens Jugend,[1]) ziemlich ausführlich beschrieben wird. Diese Quelle berichtet zwar, der Knabe Beethoven und der angehende Jüngling hätte meist „schmutzig" ausgesehen. Wenn er aber als Hofmusikus aufzutreten hatte, dann sei er sauber und stattlich gekleidet gewesen. Ein seegrüner Frack, grüne kurze Beinkleider mit Schnallen, schwarze oder weisse seidene Strümpfe, Schuhe mit schwarzen Schleifen, weissseidene geblümte Weste mit Klapptaschen, eine Frisur mit Locken und Haarzopf werden erwähnt; desgleichen ein Degen mit silberner Koppel und „ein Klackhut unterm linken Arm".

Was uns der kurze Hals, den wir auf der Silhouette

---

[1]) Abgedruckt bei Thayer I. Bd., Anhang. Vgl. S. 339, 347, 349. Die Prachtuniform der Mitglieder der kurfürstlichen Kapelle war „rot, reich mit Gold besetzt". Thayer I., 214.

sehen, schon vermuten lässt: eine kurzgedrungene Gestalt, das wird uns vom Fischerschen Berichte ganz bestimmt mitgeteilt. Es heisst dort von der „ehemaligen Statur des Herrn Ludwig van Beethoven":

„**Kurz gedrungen, breite Schultern, kurzer Hals, dicker Kopf, runde Nase, schwarzbraune** (sic!) **Gesichtsfarbe; er ging immer etwas vornübergebückt. Man nannte ihn im Hause als Jungen ‚der Spangol'.**"

Spangol (lo Spangnuolo) wird hier wohl nichts anderes zu bedeuten haben als eine Anspielung auf die dunkle Gesichtsfarbe, wie es bei den Südländern überhaupt, also auch bei Spaniern, vorkommt. Die Familie Beethoven stammte bekanntlich aus den Niederlanden, wo man Südländer hauptsächlich als Spanier kennen lernte. In den benachbarten Rheinlanden mochte der Spanier ebenfalls als brünetter Südländer bekannt sein.

Mit der Beschreibung Beethovens im Fischerschen Manuskript stimmt das vollkommen überein, was der Philologe Dr. W. C. Müller offenbar nach Angabe von Bekannten des jugendlichen Beethoven bald nach dessen Tode schreibt: „Als Knabe war er kräftig, fast plump organisiert von Körper." Müller fügt hinzu: „Noch als Jüngling war er ohne feinere Weltsitten. So fanden wir ihn auch noch in seinem 50. Jahre."[1])

Wegeler, dessen Erinnerung an Beethoven sich hauptsächlich auf die Jugendzeit des Tonkünstlers bezieht, sagt: „Auch unser Beethoven war, wie Ritter von Seyfried ihn richtig schildert, gedrungenen Körperbaues,

---

[1]) Vgl. die Leipziger Allgemeine musikalische Zeitung 1827 No. 21. Der Müllersche Artikel ist abgeschrieben für die Geisslersche Sammlung im Archiv der Gesellschaft der Musikfreunde in Wien und abgedruckt bei L. Nohl in „Beethoven nach den Schilderungen seiner Zeitgenossen".

mittlerer Statur, stark knochig, voll Rüstigkeit, ein Bild der Kraft."[1])

Über das Äussere des jungen Komponisten in seiner Bonner Zeit sind die Nachrichten, wie wir eingestehen müssen, ziemlich dürftig. Ungleich besser steht es in dieser Beziehung um die lange, bedeutungsvolle Zeit, die Beethoven in Wien verlebt hat.

1792 war er nach Österreich gekommen. Zunächst freilich nur als ein noch wenig bekannter Klavierspieler, Organist und Violaspieler und einstweilen noch scheinbar als Schüler, um Vater Haydns Unterweisung zu geniessen. Es dauerte jahrelang, bevor er in seiner zweiten Heimat zu hervorragender Bedeutung gelangte. Zunächst wird er als Pianist berühmt.[2]) Dann fängt man an, den Tonmeister in ihm höher zu schätzen. Nicht so bald aber war sein Ruhm hinreichend, um ihn als passenden Gegenstand einer spekulativen Bildnisfabrikation erscheinen zu lassen. Kannte man doch das Festhalten und die Vervielfältigung der Lichtbilder noch nicht, die heutzutage die kleinsten musikalischen „Grössen" in den Musikalienläden dem Publikum so rasch als möglich bekannt machen. Beethoven also wurde wie es scheint, in den ersten Jahren seines Wiener Aufenthaltes nicht porträtiert.

Kleine, nunmehr selten gewordene Stiche, im Jahre 1801 hergestellt, dürften die ältesten Bildnisse des Meisters sein, die in Wien entstanden sind. Wir werden sie noch kennen lernen.

---

[1]) Vgl. Wegeler und Ries: Biographische Notizen, S. 8. Seyfried: Beethovens Studien im Generalbass usw. Anhang S. 13. Was Seyfried hinzufügt: „Krankheiten hat er nie gekannt, trotz der ihm eigenen ungewöhnlichen Lebensweise", ist unrichtig. Wir wüssten eine ganze Reihe von körperlichen Leiden des Meisters anzuführen.

[2]) Vgl. hierzu meinen Essay „Beethoven als Klavierspieler" in dem Buche „Neue Beethoveniana".

Über Beethovens Äusseres in der Zeit von ungefähr 1792 bis zur Fertigstellung jener Stiche, müssen uns die literarischen Zeugnisse unterrichten. Wenn Beethoven bei seiner Reise nach Wien die weitere Ausbildung in seiner Kunst im Auge hatte, so scheint er dabei auch auf seine äusserliche Bildung geachtet zu haben. Denn wir lesen in einem Beethovenschen Notizbuche von 1792 „... Andreas Lindner, Tanzmeister, wohnt im Stoss am Himmel No. 415", dann wieder „... schwarze seidene Strümpfe". Neben einigen Schlagworten wie: Klavierpult, Kaffee, Holz, Klaviergeld, steht dann auch: „Perückenmacher,[1]) Überrock, Stiefel, Schuhe" geschrieben.

Freilich, die gedrückten Finanzen scheinen den guten Willen nicht immer mit durchschlagendem Erfolg gekrönt zu haben. „alle Notwendigkeiten, z. B. Kleidung, Leinwand, alles ist auf . . . Ich muss mich völlig neu equipieren" heisst es in demselben Tagebuche. Auch mochte es dem jungen Starrkopf schwer fallen, sich in die Wiener Art so bald zu schicken. Dies scheint aus den Mitteilungen einer Frau von Bernhard hervorzugehen, die zu jener Zeit im musikliebenden Hause des Gesandtschaftssekretärs von Klüpfell viel mit dem jungen Beethoven verkehrt hat. Frau von Bernhard erzählte späterhin folgendes von Beethoven:[2])

„Wenn er zu uns kam, steckte er gewöhnlich erst den Kopf durch die Türe und vergewisserte sich, ob nicht

---

[1]) In Bonn und anfangs in Wien dürfte Beethoven noch eine Perücke getragen haben. — Das erwähnte Notizbuch war 1892 in Wien ausgestellt und zwar in der englischen Abteilung der internationalen Ausstellung für Musik und Theaterwesen. Schon A. W. Thayer hat es für seine Beethovenbiographie ausgenützt. — Die hier angeführten Stellen sind nach dem Original überprüft.

[2]) Mitteilungen, die L. Nohl 1864 in Augsburg aus dem Munde der alten Frau von Bernhard selbst vernommen hat. Vgl. Beethoven nach den Schilderungen seiner Zeitgenossen, S. 17 ff.

jemand da sei, der ihm missbehage. **Er war klein und unscheinbar, mit einem hässlichen roten Gesicht voll Pockennarben.** Sein Haar war ganz dunkel. Sein Anzug sehr gewöhnlich und durchaus nicht von der Gewähltheit, die in jenen Tagen und besonders in unseren Kreisen üblich war. Dabei sprach er sehr im Dialekt und in einer etwas gewöhnlichen Ausdrucksweise,[1]) wie überhaupt sein Wesen nichts von äusserer Bildung verriet, vielmehr unmanierlich in seinem ganzen Gebaren und Benehmen war."

Auch im Hause des Fürsten Lichnowsky hatte Frau von Bernhard öfters Gelegenheit, den jungen Fremdling aus Bonn zu beobachten und ihn mit den älteren Musikern, mit Haydn und Salieri zu vergleichen; auch bezüglich des Äusseren ... „Ich erinnere mich noch genau," sagte Frau von Bernhard, „wie sowohl Haydn als Salieri in dem kleinen Musikzimmer an der einen Seite auf dem Sofa sassen, beide stets auf das sorgfältigste nach der älteren Mode gekleidet, mit Haarbeutel, Schuhen und Seidenstrümpfen, während Beethoven auch hier in der freieren überrheinischen Mode, ja fast nachlässig gekleidet zu kommen pflegte."

Nottebohm[2]) hat uns eine Bemerkung überliefert, die sich auf die Entstehungszeit von Op. 7 und Op. 15, also auf die Zeit von etwa 1796 bezieht. Die erwähnten Werke sind der Gräfin B. Keglevich gewidmet. Darüber

---

[1]) Es lässt sich nicht vermeiden, hier und da auch Beobachtungen mit einfliessen zu lassen, die nicht gerade Beethovens äussere Gestalt berühren. Manche Anführungen würden durch rücksichtslose scheinbare Konsequenz in ihrem eigentlichen Wesen verändert werden.

[2]) „Zweite Beethoveniana", herausgegeben von E. Mandyczewski, S. 512.

nun schreibt ein Neffe der Gräfin an Nottebohm: „Die Sonate wurde von Beethoven für sie, als sie noch Mädchen und er ihr Lehrer war, komponiert. Er hatte die Marotte — eine von den vielen — dass er, der vis-a-vis von ihr wohnte, im Schlafrock, Pantoffeln und Zipfelmütze zu ihr ging und Lektionen gab."

Beethovens Sorglosigkeit in äusserlichen Dingen ist für ungefähr dieselbe Zeit, von der wir eben gesprochen haben, auch sonst noch belgaubigt. Hier sei eine Überlieferung mitgeteilt, die sich in Wien in der F a m i l e S e y f f bis heute erhalten hat. Diese Überlieferung geht auf eine Frau Prinz zurück, bei welcher Beethoven eine Zeitlang ein Zimmer gemietet hatte. Die genaue Lage der Wohnung ist nicht mehr bekannt. Man gibt nur ungefähr an, es sei in einem Hause entweder des tiefen Grabens oder der Wipplingerstrasse gewesen. Frau Prinz war ein Ausbund von Nettigkeit und wurde in ihren Überzeugungen durch Beethovens U n s a u b e r k e i t, namentlich durch seine u n o r d e n t l i c h e K l e i d u n g empfindlich gestört. Frau Prinz äusserte sich deshalb über Beethoven in höchst abfälliger Weise gegen Frau Seyff, bei deren Nachkommen die hier mitgeteilte Erzählung noch heute fortlebt.[1])

Auf dieselbe Zeit von ungefähr 1800 beziehen sich einige weitere, auf Beethovens Äusseres bezügliche Überlieferungen, von denen hier Notiz genommen werden muss. Wir verdanken sie C a r l C z e r n y, der uns allen durch seine „Schule der Geläufigkeit" und manches andere, besonders durch seine Beziehungen zu Beethoven

---

[1]) Mir sind diese Traditionen durch Herrn Rudolf Seyff um 1890 gütigst mitgeteilt worden. — Sicher nachweisbar ist Beethoven im Jahre 1800 im dritten Stockwerk des Hauses No. 241 am tiefen Graben. Genaueres soll in der Studie über B.s Wohnungen in Wien mitgeteilt werden.

gar wohl bekannt ist.¹) Zunächst hat uns Czerny eine Äusserung des Pianisten A b b é G e l i n e k übermittelt, der sich über Beethoven folgendermassen aussprach: „E r ist ein kleiner, hässlicher, schwarz und störrisch aussehender junger Mann..."

C z e r n y, damals noch Kind (er ist 1791 geboren), erhielt bei Beethoven Unterricht im Klavierspiel und in musikalischer Theorie. Er hat uns seinen ersten Gang zu Beethoven, der damals im oben erwähnten Hause am tiefen Graben wohnte, ziemlich ausführlich geschildert. Den Meister fand er eben in musikalischer Gesellschaft mit Wranitzky, Süssmayer, Schuppanzigh und anderen. „Beethoven selber", erzählt Czerny, „war in eine Jacke von langhaarigem dunkelgrauen Zeuge und gleiche Beinkleider gekleidet, so dass er mich gleich an die Abbildung des Campeschen Robinson Crusoe erinnerte, den ich damals eben las. Das pechschwarze Haar sträubte sich zottig (à la Titus geschnitten) um seinen Kopf. Der seit einigen Tagen nicht rasierte Bart schwärzte den untern Teil seines ohnehin brünetten Gesichts noch dunkler. Auch bemerkte ich sogleich mit dem bei Kindern gewöhnlichen Schnellblick, dass er in beiden Ohren Baumwolle hatte, welche in eine gelbe Flüssigkeit getaucht schien."²) Die

---
¹) Die wichtigste Literatur über C a r l C z e r n y wurde von mir in dem Artikel über die „Beethovenliteratur der jüngsten Jahre" zusammengestellt, der 1892 in den „Hamburger Signalen" erschienen ist (No. 12 S. 156 und 159). Seither dazugekommen die neuen Auflagen des Musiklexikons von Hugo Riemann.
²) Vgl. C. F. Pohl a. a. O. S. 4 ff. — Auf Czernys Angaben geht eine Stelle zurück, die sich in F. Glöggls Neuer Wiener Musikzeitung 1857 auf S. 132 findet „Beethoven, struppigen schwarzen Haares, gebräunter Gesichtsfarbe, steckte in einer langhaarigen dunkelgrauen Jacke und gleichen, damit zusammen-

Bemerkung von der Baumwolle in den Ohren ist uns insofern nicht ganz gleichgültig, als sie uns daran erinnert, dass sich schon zu Anfang des Jahrhunderts bei Beethoven die ersten Vorboten der Taubheit eingestellt haben.

Czerny hat uns ferner eine Angabe über Beethovens **Hände** gemacht, die von Frau von Gleichenstein in Freiburg bestätigt wurde. Er schreibt: „**Seine Hände waren sehr mit Haaren bewachsen und die Finger (besonders an den Spitzen) sehr breit.**" Wir werden späterhin noch andere Beschreibungen von Beethovens Händen kennen lernen, die uns ein deutlicheres Bild von ihrer Gestaltung geben sollen.

Die kleinen Kupferstiche aus dem Jahre 1801, die ich oben schon erwähnt habe, dienen uns als weitere Führer auf unserem Wege. Es sind Brustbilder in hochovalem Stichfelde. Sie zeigen uns das volle, gesunde Antlitz des jugendlichen Künstlers ungefähr in halbem Profil nach rechts. Der Blick richtet sich gegen den Beschauer. Das dichte Haar fällt nicht eben geordnet in die Stirn. Im Nacken wird ein widerspenstiges Büschel bemerkt. Ein kleiner Backenbart entspricht in seiner Form dem da-

---

hängenden Beinkleidern, so dass er dem Bilde des in Felle gekleideten Robinson in Campes bekanntem Buche nicht unähnlich sah." — Bezüglich der Frisur „à la Titus" vgl. **Jos. Pezzls** „Neue Skizze von Wien" (Wien, Degen, 1805). Dort heisst es S. 59, nachdem von Backenbärten und von der „Kropfbinde" die Rede war: „Um die Garnitur eines Modekopfes zu vollenden, gehören auch runde Haare dazu, und ein solcher Kopf hiess anfangs ein Caracallakopf, hernach ein Tituskopf." Schon 1805 wurde der „Tituskopf" im Journal des Luxus und der Moden angefochten (Jahrgang 1805, S. 53). Es scheint, dass er auch von Damen getragen wurde. — Nicht uninteressant ist es, wie der Maler Jos. Ant. Koch die Reihenfolge der Haartracht vom Barock bis in die 1830er Jahre mit wenigen Worten charakterisiert. Er nennt die „Perückenzeit, die Zopf- oder Haarbeutelzeit, die **Titus- oder Brutuskopfzeit** (und die elegante Frack- und Halskravattenzeit," (Moderne Kunstchronik" 1834 S. 99f.).

maligen Gebrauche, sowie denn auch die Tracht nichts Ungewöhnliches aufzuweisen hat. Es passt völlig zur Jahreszahl, wenn wir Bethovens Hals hier mit einer breiten, hellen Binde umwickelt sehen, die bis hart ans Kinn heraufreicht. Man darf annehmen, dass diese kleinen Bildnisse getroffen waren. Wenngleich ihnen kein hoher künstlerischer Wert beigemessen werden kann, so sind sie doch von Händen ausgeführt, denen es an handwerklicher Übung augenscheinlich nicht fehlte. Ihre Bedeutung als Bildnisse wird erst klar, wenn wir sie mit anderen Bildnissen aus jener Zeit werden verglichen haben.

In einem langen Briefe, den Beethoven am 19. Juni 1801 an seinen Freund Wegeler nach Bonn geschrieben hat, lesen wir:[1])

„Statt des **Porträtes** meines Grossvaters, welches ich dich bitte, mir sobald als möglich mit dem Postwagen zu schicken, schicke ich dir das **seines Enkels**, deines dir immer guten und herzlichen **Beethoven, welches hier bei Artaria**, die mich darum oft ersuchten, so wie viele andere, auch Kunsthandlungen, **herauskommt.**"[2]) Das Porträt, von dem der

---

[1]) Biogr. Notizen, S. 26. Vgl. hierzu Thayer II., 156. Wegeler setzt (S. 22) den Brief ins Jahr 1800. Thayer bringt trifftige Gründe bei für die Annahme von 1801.

[2]) Noch einmal finden wir in einem Briefe Beethovens aus demselben Jahre ein Porträt erwähnt. Es ist das wieder in einem Briefe an Wegeler (vgl. Biograph. Notizen, S. 41 — Brief vom 16. November). „Du kannst zwar das, was Du nicht brauchst, wieder verkaufen, und so hast Du Dein Postgeld — mein Porträt auch —..." Die Stelle bezieht sich offenbar auf das im Juni übersendete Bildnis. Das oben erwähnte Porträt des **Grossvaters** ist das von Radoux gefertigte Ölbild, das Beethoven stets bei sich in Wien bewahrt hat. Von Beethoven kam es an seinen Erben, den Neffen Carl (geb. 1807, gest. 1858). Im Jahre 1880 habe ich das Bild bei Frau Weidinger, einer Tochter der Frau Caroline van Beethoven (der Witwe des Neffen Carl) gesehen. Auf der Kehr-

Der jugendliche Beethoven.

Nach Stainhausers Zeichnung von Joh. Neidl gestochen.

junge Komponist hier schreibt, entsprach offenbar jenem Bildnistypus, den wir eben beschrieben haben. Die Stelle deutet ja sogar ziemlich klar darauf hin, dass mehrere Blätter in verschiedenem Verlage, aber ungefähr mit demselben Bilde, erschienen waren. Einen Stich mit Artarias Adresse kenne ich nun allerdings aus jener Zeit nicht; doch trägt eines der von mir erwähnten Blättchen die Adresse: „à vienne chez Jean Cappi". Cappi war nun eine Zeitlang in Artarias Kunsthandlung Kompagnon gewesen und erst 1796 selbständig geworden. Als Zeichner ist auf diesem Stiche G. Stainhauser genannt, als Stecher Joh. Neidl.[1]) Überaus grosse Ähnlichkeit mit diesem Blatte hat der kleine Stich von Riedel, der in Leipzig vom „Bureau de Musique" verlegt ist und das Datum 1801 trägt.[2])

---

seite steht: „aetatis 61" und „1773". Eine Ähnlichkeit der Züge mit denen des Enkels ist mir nicht aufgefallen. Bezüglich dieses Bildnisses vgl. Wegeler und Ries, Biogr. Notizen, S. 8, 26, v. Breuning „Aus dem Schwarzspanierhause" S. 57 und Thayer a. a. O. I. Bd. S. 102, 106, 327, 332, 341. Einige ältere Notizen verweisen mich auch auf die „Leipziger illustrierte Zeitung" von 1871 und auf die „Gartenlaube" von 1879 (Heft 10). Ein Miniaturbildniss, das den Grossvater Beethoven darstellt, oder wenigstens ihn nach einer glaubwürdigen Tradition darstellen soll, wurde mir 1892 beim Maler Amad. Szekulics in Wien gezeigt. Dr. R. Graul machte mich auf dasselbe aufmerksam.

[1]) „dessiné par G. Stainhauser de Freuberg. Gravé par Joh. Neidl." Hochoval.

[2]) Es existieren von diesem Stiche zuverlässig mehrere Zustände. Ich kenne einen Etat mit dem Titel: „Louis van Beethoven" und mit der Bezeichnung „Riedel Sc. Lips 1801" (ohne Adresse) und einen andern ohne Titel mit der Bezeichnung „Riedel sculps. 1801" und mit der Adresse „à Leipsic au Bureau de Musique". H. 0,10 M., Br. 0,082. — G. Stainhauser offenbar identisch mit Gandolf Stainhauser, einem wenig bekannten Künstler, dessen Nachkommen noch jetzt in Wien leben. — Über Joh. Jos. Neidl vgl. Naglers Künstlerlexikon, Jul. Meyers Lexikon im Artikel Agricola, Wurzbachs Biographisches Lexikon, Tschischkas „Kunst und Alter-

Dieselbe Haltung und Tracht wie auf den Arbeiten der eben genannten Stecher findet sich auch noch auf dem kleinen Blatt von S c h ö f f n e r wieder, das ungefähr im Jahre 1802 oder 1803 entstanden ist.[1]

Auch schliesst sich an jene Stiche ein kleines B e e t h o - v e n b i l d n i s an, das sich auf einem K l a v i e r aus jener Zeit vorfindet. Herr Thomas Zach in Wien war vor einiger Zeit Besitzer des sechsoktavigen alten Instrumentes (von S. A. Vogel in Pest), von dem eine nicht ganz sichere Tradition berichtet, dass es als Geschenk durch die Fürstin Lichnowsky aus Pest an Beethoven gekommen sei.[2] Später (1814) hätte es der Meister an den Klaviermacher Feiler verkauft. Von diesem sei es an Leo v. Lallay gekommen, dann zum Dichter Josika, zu

---

tum in dem österreich. Kaiserstaate" S. 382, Hormayrs Archiv 1823, S. 476. Neidl ist 1776 zu Graz geboren und 1832 zu Pest gestorben (nach Wurzbach). Vgl. auch Wastler, Steirisches Künstlerlexikon, S. 108 und 190. Neuerlich (1892) Fr. Ritters Katalog der Ausstellung von farbigen Kupferstichen im k. k. österr. Museum für Kunst und Industrie in Wien (S. 58. No. 253 ff.). Neidl stach auch die Bildnisse von Muzio Clementi, Ignaz Pleyel und Jos. Haydn. — Der Stecher R i e d e l scheint der (nach Naglers Lexikon) um 1780 geborene Carl T. Riedel zu sein.

[1]) Gleichfalls hochoval. Es wurde im Jahre 1804 in die Allgemeine musikalische Zeitung aufgenommen (nach S. 332). Schindler macht in seiner Beethovenbiographie (II, S. 287) mit einigen Worten auf dieses kleine Bildniss aufmerksam. Er nennt den Künstler Scheffner (so schreibt ihn auch Nagler), wogegen ich auf dem Stiche die Bezeichnung: „Schöffner sculps" gelesen habe. Ein anonymes, etwas grösseres Blatt, dessen Provenienz mir unbekannt ist, zeigt denselben Typus, scheint aber später entstanden zu sein, als die bisher genannten Stiche.

[2]) Ich muss feststellen, dass mir in den 1880er Jahren bei Zach a n d e r e Angaben über dieses Klavier gemacht worden sind, als sie vor einiger Zeit in Umlauf kamen. Ich übernehme also bei der Unsicherheit der ganzen Angelegenheit keine Bürgschaft für obige Mitteilungen, die ich übrigens nicht von vornherein abweisen will.

einem Herrn v. Perati, zu S. v. Gyulay nach Klausenburg, endlich (1866) an Th. Zach. Das kleine Bildnis, das mit Tusche auf Holz gemalt ist, findet sich vorne in den Stimmstock eingefügt. Es dürfte nach einem der kleinen Stiche gefertigt sein, mit denen es in der Haltung des Kopfes und in den Gesichtszügen vollkommen übereinstimmt. Die Brust ist in Büstenform gebracht.

Aus dem Jahre 1803 stammt ein Miniaturporträt Beethovens. Es ist von der Hand Christian Hornemans[1]) auf Elfenbein gemalt. Horneman war zu jener Zeit in Wien. Dies wird durch eine Zeichnung klar, welche ich in der Kunstsammlung des Benediktinerstiftes Lambach in Oberösterreich aufgefunden habe und welche die Bezeichnung trägt „Horneman fecit 1802 Vienna" (sic.!). Das Hornemansche Beethovenbildnis befindet sich gegenwärtig im Besitz der Erben von Dr. G. v. Breuning in Wien und ist seit mehreren Jahren unzugänglich. Ich habe es bei Dr. Gerhard Breuning übrigens wiederholt gesehen und dort auch die Signatur „Horneman 1803" notiert; Breuning gab die Jahreszahl 1802 an, und ich vermute, dass das Werk, wie in ähnlichen Fällen nicht selten, in

---

[1]) Christian Horneman ist 1776 (zu Kopenhagen) geboren und 1844 gestorben. Vgl. Füsslis, Naglers und Seuberts Künstlerlexika und die Literatur, die in meinen „Blättern für Gemäldekunde" (Bd. I.) benutzt ist. Eine Miniatur von Horneman auch im Thorwaldsenmuseum zu Kopenhagen. Eine getuschte Bleistiftzeichnung von Horneman aus dem Jahre 1798 steht im Katalog der Auktion Krocker (Wien 1866) unter No. 2056 verzeichnet. Eine neue Reproduktion des Hornemanschen Beethovenbildnisses findet sich auf einer hübschen und interessanten photographischen Zusammenstellung von elf Beethovenbildnissen von Karl Klauser in Farmington (Connecticut, Nordamerika), in Wilders „Beethoven" und in der Zeitschrift für bildende Kunst n. F. IV. Band, 1. Heft, in meinem „L. v. Beethoven" (Berlin, Verlag „Harmonie") und bei D. Gr. Mason „Beethoven and his forerunners" (1904).

dem einen Jahr eigentlich hergestellt und im nächstfolgenden vollendet und datiert worden ist. Das kleine Brustbild, das die Überlieferung als gut getroffen bezeichnet, zeigt uns Beethoven mit ziemlich vollem Gesichte, das er ein wenig nach rechts gewendet hat. Der Blick ist gegen den Beschauer gerichtet. Zu beachten ist die breite und dicke Nase, sowie das grübchenreiche Kinn. Das dichte Haar ist ungeordnet, ungepflegt, etwa fingerlang. Ohne Regel hängt es allerwärts ins Gesicht. Der kleine Backenbart, wie auf den Stichen von 1801, kehrt hier wieder. Begreiflicherweise bietet auch das Kostüm vielfache Wiederholungen von Formen aus den früheren Bildnissen. Die breite weisse Halsbinde reicht bis ans Kinn. Blauer Rock mit gelben Knöpfen und schwarzem Kragen. (Nebenstehend die Abbildung.)

Miniaturbildnis Beethovens von Christian Horneman.

Das hübsche Bildchen hat nicht lange nach seiner Entstehung eine kleine Rolle in Beethovens Biographie zu spielen gehabt. Wie schon Ries mitteilt,[1]) hatte sich Beethoven mit seinem Freunde Steffen im Jahre 1804 zertragen. Die Versöhnung der beiden wurde von Beethovens Seite mit der Übersendung der Hornemanschen Miniatur begleitet, die seither im Besitze der Familie von Breuning verblieben ist.[2])

---

[1]) Biograph. Notizen S. 129 p.

[2]) Vgl. die Nachträge zu den biograph. Notizen (S. 25, franz. Ausgabe, S. 242 f.). — Thayer II, 259 ff., III, 512. — Breuning „Aus dem Schwarzspanierhause" S. 47 und 73.

Auf die Zeit von 1801 bis 1803 beziehen sich die Mitteilungen, die Gräfin Gallenberg[1]) einst dem vielseitigen Forscher Otto Jahn gemacht hat. Es heisst darin, „Beethoven war sehr hässlich, aber edel, feinfühlend und gebildet," und „Beethoven war meist ärmlich gekleidet".

Als gemeinsamen Zug der Bildnisse von 1801 bis 1803 muss uns ein strenger Ernst, nahezu eine Art Traurigkeit der Züge auffallen, die wohl nicht von der traurigen Kunst um jene Zeit allein verschuldet ist, sondern denndoch als Ausdruck der damals vorherrschenden Stimmung Beethovens angesehen werden muss. Erinnern wir uns an die ungeheure Niedergeschlagenheit, die damals dem kränkelnden Meister sein allbekanntes Heiligenstädter Testament einflösste. Sollte überdies die Trennung von der „unsterblichen Geliebten", wie es von manchen angenommen wird, in jene Zeit fallen,[2]) so hätten wir schon damit Anlass genug, eine gedrückte Stimmung begreiflich zu finden.

In der Zeit fortschreitend, kommen wir zu einem Brustbild Beethovens von unbekannter Hand, das 1803 oder 1804 für Beethovens Freund, den Grafen Franz Brunsvik, gemalt worden ist und das uns, wollen wir die Phantasie walten lassen, schon wieder grössere Lebenszuversicht verkündet.

Vom Grafen Franz gelangte es an dessen Sohn Geza. Bei der Witwe des Grafen Geza, der Gräfin Serafine (späteren Marchesa Capponi) habe ich es (1900) gesehen und mir als lebensgrosses Brustbild notiert. Dunkles

---

[1]) Thayer II, 172.

[2]) So Nohl und andere. Ich vermute übrigens, dass die Angelegenheit der unsterblichen Geliebten früher anzusetzen ist. Von B.s gedrückter Stimmung gibt einigermassen auch Kunde der Brief an Maler Macco aus dem Jahre 1802.

Haar. Braunes Auge, kleiner Backenbart. Der dunkelblaue Rock wird von einem schwärzlichen Mantel zum Teil verdeckt. Die gelbe Schnur gehörte gewiss zu einer Lorgnette. Es scheint nicht allzu wohl getroffen zu sein, da es ziemlich aus der Reihe fällt, gar sehr verallgemei-

Das Beethovenbildnis in der gräflichen Familie Brunsvik.

nert ist und sicher von keiner Künstlerhand hohen Ranges herstammt. Man denkt wohl an Jos. Abel, auch an Lampi und ihre Kunstverwandten beim Anblick der etwas unkräftigen Malerei. Die beigegebene Abbildung ist mit Zuhilfenahme der Kopie hergestellt, die Herr Advokat und Kunstgelehrter Dr. Alfred Nagl in Wien besitzt.¹) Diese Kopie, die übrigens dem Original wie ein Ei dem anderen gleicht, ist eine Arbeit der Frau von Ostergarden-Festetiecs.

Ein Teil von Grillparzers „Erinnerungen an Beethoven"²) betrifft dann das Jahr 1804 oder 1805. Der etwa 14jährige Grillparzer hatte den schon damals in weiteren Kreisen anerkannten Komponisten bei Gelegenheit einer Abendunterhaltung im Hause Sonnleithner zu Gesicht bekommen. Nachträglich schilderte er Beethovens Erscheinung wie folgt: „Er war damals noch mager, schwarz, und zwar, gegen seine spätere Gewohnheit, höchst elegant gekleidet und trug Brillen, was ich mir darum so gut merkte, weil er in späterer Zeit sich dieser Hilfsmittel eines kurzen Gesichts nicht mehr bediente."³)

Wenige Jahre darauf, als Grillparzers und Beethoven

---

¹) A. Nagl hat das Bild auch veröffentlicht in J. J. Webers Illustrierter Zeitung vom 24. Februar 1894 (S. 190). Das Original befand sich lange auf dem Brunsvikschen Schloss Marton Vázár in Ungarn, kam später nach Sommerau in Steiermark. Seit einigen Jahren ist es mir aus dem Gesichtskreis entschwunden. Erwähnt ist dieses Bild in der Rivista musicale IV (1897) und im Beethovenheft des Werkes „Das neunzehnte Jahrhundert in Bildnissen" (S. 65).

²) Vgl. „Grillparzers sämtliche Werke", VII. Bd., S. 109 ff. Die Beziehungen Grillparzers zu Beethoven sollen in einem Abschnitt dieser neuen Beethovenstudien behandelt werden.

³) Ich bemerke hierzu, dass Beethoven zum mindesten bis 1817 zeitweise Brillen trug. Der Meister hatte myopische (kurzsichtige) Augen, wie der Kundige aus den erhaltenen Brillen sofort erkennt und wie ich es schon 1881 erkannt und 1887 in meinem Buche „Neue Beethoveniana" mitgeteilt habe. Neuerlich vgl. Prof. Cohn (Breslau) in „Wochenschrift für Therapie und Hygiene des Auges" V. Heft 1. Unwesentliches in „Die Musik" I. Heft 12 u. 13. Zum Brillentragen siehe auch Reeves Nachrichten, mitgeteilt in dieser Studie weiter unten und mehrere Angaben bei Schindler.

zu Heiligenstadt in demselben Hause den Sommer verbrachten, sei der Meister schon „stärker geworden". „Er ging höchst nachlässig, ja unreinlich gekleidet." So fand er ihn auch als er später wegen einer Oper „Melusine" mit Beethoven in Verkehr trat.

Wir dürfen indes die chronologische Reihenfolge unserer Mitteilungen nicht umstossen. Denn die späteren Bemerkungen, die Grillparzer über Beethovens Äusseres macht, beziehen sich schon auf das Jahr 1808[1]) und auf den Anfang der zwanziger Jahre. Aus früherer Zeit sind aber noch manche Bildnisse und Personsbeschreibungen erhalten, die unsere Vorstellung von dem damaligen Aussehen des Meisters noch weit lebhafter gestalten werden, als es mit Hilfe der bisher genannten Hilfsmittel möglich war. Sie werden uns nicht wenig interessieren, da wir in Beethovens Leben nunmehr bis zur Zeit der „Eroica" und des „Fidelio" herangekommen sind.

Ungefähr derselben Zeit, auf welche sich Grillparzers erste Mitteilung bezieht, das ist also die Zeit von 1804 oder 1805, gehört ein grosses gemaltes Beethovenbildnis an, das nach mannigfachen Wechselfällen in leidlichem Zustande sich bis heute erhalten hat. Es war im Besitze von Frau Karoline van Beethoven, der Witwe Carls van Beethoven, der als Neffe und Erbe des Komponisten vielfach in der Literatur genannt ist. Seither kam es durch Erbschaft an Frau G. Heimler, geborene Beethoven, die Grossnichte des Koponisten und Gemahlin des Herrn Hauptkassierers im Wechselhause der Anglo-Österreichischen Bank Robert Heimler in Wien. Anton Schindler hat das Beethovenbildnis, um das es sich

---

[1]) Ich stellte diese vorher unbekannte Jahreszahl für jenen gemeinschaftlichen Aufenthalt Grillparzers und Beethovens in Heiligenstadt in dem Buche „Neue Beethoveniana" als höchst wahrscheinlich hin. Vgl. „Aus den Jahren 1816 und 1817".

W. J. Mählers erstes Beethovenbildnis.

handelt, schon in der ersten Auflage seiner Lebensgeschichte Beethovens erwähnt. Er sagt dort: „Noch besitzen die Verwandten Beethovens ein gut gemaltes Porträt von ihm aus früherer[1]) Zeit. Es ist ein Kniestück, und der Meister sitzend abgebildet." In den späteren Auflagen berührt es Schindler mit folgenden Worten: „ . . . Kniestück, der Meister, ungefähr im 30. Lebensjahre, sitzend abgebildet; es befindet sich in seiner Familie und ward wegen Unbedeutendheit nicht vervielfältigt."[2])

Das Beethovenbildnis, welches allein hier gemeint sein kann, verdankt sein Dasein einem Dilettanten, dem nachmaligen Hofsekretär **Willibrord Joseph Mähler**,[3]) der Beethoven in der Folge noch öfter por-

---

[1]) Aus „früherer" Zeit als das Bild von Schimon und das von Stieler, welche Schindler unmittelbar vorher besprochen hatte (S. 271).

[2]) Vierte Ausgabe S. 287.

[3]) **Mähler** war Dilettant in Musik und Malerei, von Beruf aber Beamter. In den „Merkwürdigkeiten ... von Wien" (herausgegeben 1823 von F. H. Böckh), I, S. 267, wird Mähler als „Official bey der geheimen Hof und Staats-Kanzeley" genannt; er figuriert auch als „Dilettant in der Porträtmalerey", wohnend „auf dem Graben No. 617"; S. 375 wird er als „Dilettant im Singen — Auf dem Graben No. 658" erwähnt. Durch A. W. Thayer, der ihn noch persönlich kennen gelernt hat, erfahren wir, dass Mähler bei Beethoven im Herbst 1803 durch St. v. Breuning eingeführt wurde. (Thayer, II, 236.) Aus einer Notiz von Prof. Dr. Th. G. Ritter v. Karajan, auf die wir noch zurückkommen werden (bei Gelegenheit der Mählerschen Beethoven-Bildnisse aus dem Jahre 1815), entnehmen wir Mählers Geburtsort (Ehrenbreitstein). Zeit und Ort seines Todes wurden mir bekannt durch eine Notiz des H. Sektionsrates R. Capellmann. (Mähler starb zu Wien am 20. Juni 1860.) Das erste Beethoven-Bildnis von Mähler hing u. a. auch in Beethovens Wohnung im Schwarzspanierhause, wo es der junge Gerh. von Breuning noch gesehen hat (vgl. Breuning „Aus dem Schwarzspanierhause" S. 57). 1891 eine Notiz im Szepsschen Wiener Tagblatt vom 22. November.

trätiert hat. Interessant wird uns das erste Mählersche Bildnis hauptsächlich dadurch, dass wir hier den jungen Komponisten n a h e z u i n g a n z e r F i g u r v o r u n s s e h e n. Er sitzt im Freien und scheint eben von einem musikalischen Gedanken lebhaft erfasst zu sein. Denn er will eine Lyra, die er mit der Linken hält, emporheben, um mit der schon vorgestreckten Rechten die Saiten zu rühren, oder den Takt zu geben.[1]) Auch scheint es, als wollte er sich von seinem Sitze erheben. Beethovens Gestalt auf diesem Bilde ist jedenfalls kurz und gedrungen. Die fast ausgebreitete rechte Hand ist auffallend breit und zeigt kurze Finger, die wohl nur durch die Auffassung des Malers nach einem halbwegs zierlichen Schnitte geformt sind. Eine Angabe C. Czernys und eine Stimme aus dem Jahre 1816 bezeichnen die Finger viel eher als plump, denn als zierlich.[2])

Betrachten wir aber das Antlitz, das in gesunder Fülle und Rötung fast ganz gegen uns gekehrt ist.[3]) Der Blick des, wie es scheint, braunen, glänzenden Auges weicht ein wenig gegen rechts aus. Dichtes, dunkles, wenig gepflegtes Haar umquillt die Stirn, in welche herab einige kurze Büschel ragen. Das Haar ist eher kurz als lang. Keine Spur von der „Beethovenfrisur", wie sie seither zur „Rubinsteinfrisur" gesteigert, so gern vom heutigen jungen Virtuosen getragen wird. Die Stirn

---

[1]) Mähler selbst scheint das Taktgeben gemeint zu haben. Er sagte viele Jahre später von dieser Bewegung „... die Rechte ist ausgestreckt, als wenn Beethoven in einem Momente musikalischer Begeisterung den Takt schlüge". Mündliche Mitteilung Mählers an Thayer. Vgl. Thayer, II, 237.

[2]) Vgl. Frimmel „Neue Beethoveniana" S. 162 und oben S. 18.

[3]) Die Lithographie Kriehubers nach diesem Kopfe aus dem Jahre 1865 ist als misslungen zu bezeichnen. Wem das Kriehubersche Blatt nicht zur Verfügung steht, der findet eine allerdings retuschierte Nachbildung des Steindruckes in der Zeitschrift „Die Musik" II. Heft 6.

ist nicht eben hoch. Die Modellierung Mählers scheint anzudeuten, dass die mittlere Stirngegend[1]) vorgewölbt war. Von den ziemlich dichten dunklen Brauen wird eine breite Nasenwurzel begrenzt. An der Nase keine auffallenden Merkmale. Der kleine Backenbart, den wir schon seit 1801 bei Beethoven verfolgen können, wird auch hier bemerkt. Das Kinn zeigt in seiner rechten Hälfte eine nicht undeutliche, horizontal verlaufende Furche, die eine kleine Asymmetrie bedingt. Nur in diesem Falle hat der Maler auf die tiefen Spuren acht gehabt, welche die Pocken in Beethovens Gesicht zurückgelassen haben. In früher Jugend — es ist nicht genau bekannt, in welchem Jahre — hat Beethoven diese Krankheit überstanden. Die Narben sind ihm zeitlebens geblieben und waren besonders am Kinn sehr auffallend. Jene Furche, die auch Mähler zur Darstellung gebracht hat, rührt offenbar auch von den Blattern her.[2])

Einige Äusserlichkeiten mögen noch beschrieben werden. Der Anzug besteht aus dunklem, wie es scheint, schwarzem Frack, aus grauen Beinkleidern, heller Weste, die vorne unter den Frack hinabreicht, aus weisser Halsbinde, die bis hart ans Kinn geht, und aus Stiefeln mit gelben Kappen. Um die Lenden ist ein dunkelblauer, rot gefütterter Mantel gelegt, der auch das ganze linke Bein bedeckt. Die Füsse sind nicht mehr dargestellt.[3])

---

[1]) Die Glabella des Anatomen.

[2]) Man hat versucht, die Pockennarben aus Beethovens Antlitz wegzuleugnen. Einige Büsten ignorieren sie gänzlich. Die erhaltenen Masken sprechen zu deutlich, um das Antlitz des grossen Meisters glätten zu können.

[3]) Die landschaftliche Umgebung lässt in der Ferne links bewaldete Bergketten unterscheiden, weiter gegen den Mittelgrund links eine Art Rundtempel mit jonischen Säulen; im Mittelgrunde gewahrt man links hügeliges Terrain mit Wiesen und zwei Pappeln, rechts eine Gruppe dichtbelaubter Bäume. Dunkle Wolken am Himmel. 1,15 Meter hoch und 0,88 Meter breit. Auf Leinwand.

Mähler, wenngleich ohne grosses Können und ohne viel Talent, ist offenbar mit grosser Gewissenhaftigkeit ans Werk gegangen. Das von ihm gemalte Bildnis Beethovens gilt, einer Familientradition zufolge, für getroffen und lässt sich ganz ungezwungen an die kleinen Stiche von 1801 und an die Miniatur von Horneman anschliessen. Diese Bildnisse halten sich gewissermassen gegenseitig. Wäre eines derselben gänzlich verfehlt, so müsste es notwendigerweise aus der Reihe fallen. Dies ist nun bei einem Beethovenbildnis der Fall, das bis in die jüngste Zeit verborgen geblieben ist. Es ist das von J. Neugass 1806 gemalte lebensgrosse Brustbild aus dem fürstlich Lichnowskyschen Schlosse Grätz bei Troppau. Erst 1892, aus Anlass der Wiener internationalen Ausstellung für Musik und Theaterwesen, kam es an die Öffentlichkeit. Obwohl das erwähnte Ölgemälde schon stark durch Übermalungen und Abfallen der Farbe gelitten hatte, als ich es kennen lernte, konnte ich dennoch so viel beurteilen, dass es nur wenige Merkmale aufzuweisen hat, die mit dem übereinstimmen, was man über den Beethoven jener Jahre weiss. Weder lassen sich die Gesichtszüge ungezwungen mit den anderen frühern Bildnissen in Einklang setzen, noch stimmt die mädchenhaft blasse Färbung der Haut zur Überlieferung und zum Teint, wie er auf dem Mählerschen Gemälde wiedergegeben war. Das Backenbärtchen darf wohl Zuverlässigkeit beanspruchen, ebenso das braune Auge und das

---

Die nebenstehende Abbildung geht auf die Kopie zurück, die ehedem in A. W. Thayers Besitz gewesen. Auf ein Mählersches Bildnis bezieht sich ein Briefchen Beethovens, das bei A. W. Thayer abgedruckt ist (II. 237) und das sich (1892) im Besitz der Frau Sektionsratswitwe Paula Capellmann in Baden bei Wien befand. Da sich das Briefchen übrigens auf das zweite Mählersche Beethovenbildnis beziehen dürfte, teile ich es weiter unten mit.

dichte braunschwarze Haar, das, nebstbei bemerkt, auch hier nicht im entferntesten einer Rubinsteinfrisur entspricht. Das Gesicht wird in geringer Wendung nach links gesehen, so dass seine Vergleichung mit den Bildnissen in Viertelprofil, die wir bisher betrachtet haben, auf keine Schwierigkeiten stösst. Noch einige beschreibende Notizen: Dunkelblauer Rock; dunkelbrauner Mantel; weisse Weste, darunter ein rotes Seidentuch; weisse Halsbinde. Das Bild ist etwa einen halben Meter hoch. Auf der Kehrseite steht: „peint par Neugass Wienne 1806" und zwar in alter Schrift, wonach wir das Gemälde als eine Arbeit desselben Neugass ansehen können, der auch Jos. Haydn in demselben Jahre 1806 gemalt hat. Auf dem Bildnisse Haydns nennt er sich I. Neugass.[1])

Ein Brief, den Camille P l e y e l 1805 aus Wien an seine Mutter gerichtet hat, enthält eine Stelle, die Beethoven in seiner äusseren Erscheinung beachtet und ihn als eine kleine, stämmige Figur beschreibt. Das Gesicht sei voller Pockennarben. Als man sich dem Meister näherte, sei er unmanierlich gewesen, und erst als er erfuhr, dass es Pleyel sei, der mit ihm spreche, hätte er einigen Anstand beobachtet. „On nous a menés chez Beethoven, et quand nous étions près de chez lui, nous l'avons rencontré. C'est un petit trapu, le visage grêlé et d'un abord très malhonette. Cependant

---

[1]) Fast zuverlässig haben wir hier jenes Beethovenbildnis vor uns, das A. W. Thayer (III. S. 45 und 517) erwähnt hat. Es sei lange im gräflich Oppersdorfschen Schloss Oberglogau unfern von Grätz in Oberschlesien gehangen. Der Katalog der internationalen Ausstellung für Musik und Theaterwesen (Wien 1892) kannte den Namen des Malers nicht und gibt über die Schicksale des Bildes keine Auskunft. Beurteilt habe ich das Bild schon in der kleinen Schrift: „Jos. Danhauser und Beethoven", ferner im Feuilleton des Wiener Fremdenblattes vom 13. August 1892 und in der Zeitschrift f. bild. Kunst (N. F. IV. Bd.).

quand il a su que c'était Pleyel, il est devenu un peu plus honnete . . ."¹)

Dr. Henry Reeve sah Beethoven bei Gelegenheit der Aufführung des „Fidelio" am 21. November 1805 und schrieb in sein Tagebuch: „Beethoven sass am Klavier und dirigierte die Aufführung selbst. Er ist **ein kleiner, dunkler, noch jung aussehender Mann**, trägt eine **Brille** (und sieht Herrn König ähnlich)."²)

Wie es scheint, weniger gut getroffen als das Mählersche Bild, aber nicht ganz ohne Züge, die für uns von Interesse sein könnten, sehen wir Beethoven auf einem anderen Bildnis dargestellt, das um das Jahr 1808 entstanden ist. Damals hat **Ludwig Ferdinand Schnorr von Carolsfeld**³) den Meister gezeichnet. Die Zeichnung von Schnorr, die auch lithographiert und in Holz geschnitten worden ist, zeigt uns das Brust-

---

¹) O. Comettant: „Un nid d'autographes". Paris 1886. II. Auflage, S. 11 und 89 f. — (Brief vom 16. Juni 1805.)

²) Vgl. Thayer III, 512, wo die Stelle zum erstenmal mitgeteilt wird.

³) L. v. Schnorr (geb. 1789, gest. 1853) war schon zu Anfang des Jahres 1804 nach Wien gekommen. Über L. v. Schnorr vgl. Hormayrs Archiv für Geschichte, Geographie usw. 1819 S. 29 ff., 113 ff., 126 ff.; 1822 S. 212 ff.; 1823 S. 197; Rochlitz „Für ruhige Stunden" S. 50 f. (Brief von 1822), Pietzniggs „Mitteilungen aus Wien" (1833, II. Bd., S. 67 ff., Biographie), ferner die gebräuchlichen Künstlerlexika, auch die Österreichische Nationalenzyklopädie und Pergers „Kunstschätze Wiens", S. 37 f., den Katalog der Galerie zu Lützschena S. 75 und 85, Andresen und Wessely: „Handbuch für Kupferstichsammler und Malerradierer des 19. Jahrhunderts" (V, 311). Als ergiebige Quelle ist in neuester Zeit auch noch die Sammlung von Briefen des berühmteren Bruders Julius Schnorr v. C. zu benützen. Vgl. überdies: Mitteilungen des Österr. Museums für Kunst und Industrie IV. Bd. S. 363 f. C. v. Lützows Katalog der Galerie in der Wiener Akademie S. 380 und die meisten Publikationen über Malerei des 19. Jahrhunderts.

bild des jungen Beethoven im Profil nach links. Es wird sich herausstellen, dass an den Umrissen das Kinn, der Mund und die Nase ganz verfehlt sind, wohl auch die Stellung des Ohres und die Profilierung in der Scheitelgegend. Es bleibt also nicht mehr viel übrig, das getroffen sein könnte; etwa die Stirne bis zur Nasenwurzel, die wirre Anordnung des mässig langen dichten Haares, der kleine Backenbart und der Anzug. Viel Vertrauen können wir dieser Zeichnung des etwa achtunddreissigjährigen Künstlers gewiss nicht entgegenbringen,[1]) doch ist sie wohl auch nicht gänzlich verfehlt und der heitere Gesichtsausdruck kann unmöglich ganz erfunden sein.

Bezüglich der Kleidung mag man beachten, dass sie augenscheinlich sauber und nett gehalten ist. Ein breiter „Vatermörder" ist auffallend. Die weit hinaufreichende Halsbinde wiederholt sich von den früheren Bildnissen her. „Es ist der Mann der Gesellschaft, wie er abends in die heiteren Unterhaltungskreise der Familie Malfatti trat," so meint L. Nohl, der von dem Schnorrschen Blatte

---

[1]) Die Firma Artaria u. Cie. in Wien besitzt eine kleine Photographie, die erkennen lässt, dass das Original mit weichem Bleistift oder mit Kreide auf geschöpftes Papier gezeichnet ist. Ausserdem unterscheidet man eine ältere Schrift: „Ludwig van Beethoven Vom alten Director Schnorr von Carolsfeld aus Dresden im Jahre 1808 oder 1809 in einem Skizzenbuch der Familie von Malfatti in Wien gez. Im Besitz der Frau von Gleichenstein, geb. Malfatti in Freiburg i. Br." Ich bemerke hierzu, dass der Dresdener Schnorr nicht der Zeichner sein kann, da dieser erst 1811 nach Wien kam. Eine grössere, ziemlich getreue Nachbildung wurde 1865 in der Dezembernummer der Westermannschen Monatshefte gegeben (S. 309, Holzschnitt aus Aug. Neumanns Anstalt). — Eine dritte Nachbildung ist eine Lithographie von J. Bauer, die das Titelblatt zu L. Nohls „Die Beethovenfeier und die Kunst der Gegenwart" bildet. (Wien 1871). — Eine Klischierung nach der Photographie bei Artaria wurde 1897 in der Rivista musicale italiana gegeben. Eine neuere Nachbildung anbei im Text.

auch mitteilt, es sei in ein Porträtbuch der Familie Malfatti in Wien hineingezeichnet worden.[1])

Das beschriebene kleine Bildnis steht unter den übrigen Beethoven-Porträten ziemlich isoliert da, ein Umstand, der schon an und für sich Misstrauen in sein Getroffensein erwecken müsste. Auch eine methodische Vergleichung, die später mit der Maske gemacht werden

Beethovenbildnis von L. F. Schnorr v. Carolsfeld.

soll, wird es nicht retten. Um so lieber greifen wir nach den Personsbeschreibungen, die uns eine mehrjährige Lücke in der Reihe der Beethoven-Bildnisse ausfüllen helfen.

Kapellmeister R e i c h a r d t berichtet aus dem Winter 1 8 0 8 a u f 1 8 0 9[1]) über Beethoven und nennt ihn

---

[1]) „Beethovens Leben" II 252 ff. und 500 f.

„... eine kräftige Natur, dem Äussern nach zyklopenartig, aber doch recht innig, herzig und gut". Dabei hat der ungewöhnliche Ausdruck „zyklopenartig" gewiss nichst anderes zu bedeuten als: aussergewöhnlich kraftvoll und urwüchsig, vielleicht unkultiviert. Offenbar hat Reichardt mit der Stelle nur den Gegensatz des inneren Wohlwollens zur äusseren Rauheit recht drastisch ausdrücken wollen.[1])

Ende Mai oder anfangs Juni 1809 findet ihn Baron Trémont, der den Meister in Wien kennen lernte, als einen „homme fort laid et à l'air de mauvaise humeur".[2])

Die für Beethoven so begeisterte Bettina von Arnim (allbekannt aus Goethes Briefwechsel mit einem Kinde) hat uns eine kurze Schilderung des Beethoven von zirka 1810 geliefert. Sie schreibt: „Seine Person ist klein (so gross sein Geist und Herz ist), braun, voll Blatternarben, was man so nennt: garstig, hat aber eine himmlische Stirn, die von der Harmonie so edel gewölbt ist, dass man sie wie ein herrliches Kunstwerk anstaunen möchte; schwarze Haare, sehr lang, die er zurückschlägt; scheint kaum dreissig Jahre alt, er weiss seine Jahre selbst nicht, glaubt aber doch 35."[3])

---

[1]) Vgl. „Vertraute Briefe, geschrieben auf einer Reise nach Wien und den österreichischen Staaten" (erschienen mit der Jahreszahl 1810) I. S. 167.

[2]) Vgl. Kufferaths „guide musical" 1892 S. 102, dann wiederholt ohne Kenntnis der früheren Publikation in der Zeitschrift „Die Musik" II S. 412 ff.

[3]) Vgl. die „Gartenlaube" 1870, S. 314 f., danach abgedruckt bei L. Nohl in „Beethoven nach den Schilderungen seiner Zeitgenossen" S. 63. Bettina ist 1785 geboren. Ohne zwingende Gründe ist in neuester Zeit Bettinens Geburtsjahr mit 1788 angenommen worden (vgl. „Deutsche Rundschau", August 1892). Auf die endlose Literatur über Bettina kann ich hier nicht eingehen. Nur möchte ich auf einige interessante Abschnitte in

Das phantastische „Kind" Bettina drückt sich hier wohl etwas überschwenglich aus. — „Stirn von der Harmonie so edel gewölbt." „Garstig". Danach soll sich wohl jemand eine bestimmte Form oder Linie vorstellen! Das Urteil der Begeisterten ist aber doch zu beachten, da es trotz der Begeisterung sich dazu versteht, vom braunen pockennarbigen Antlitz zu reden. Mähler bezeichnete die Stirn Beethovens „wie eine Kugel".[1]) Das wäre also die Wölbung von der Harmonie. Wenn Bettina schreibt, die Haare seien lang gewesen, so kann das in Beziehung auf die damalige Sitte nicht etwa so genommen werden, wie wir bei Liszt von langem Haare sprechen würden; wir müssen hier unsere Vorstellung jedenfalls etwas herabstimmen und an ungefähr fingerlanges Haar denken, wie wir es auf den früheren Bildnissen dargestellt finden.

In jenen Jahren scheint Beethoven, „mit Gewalt in die Welt gezogen" (wie er an Wegeler 1810 schreibt), noch gelegentlich darauf bedacht gewesen zu sein, sich herauszuputzen, was denn gewiss nicht selten einer schönen Dame zulieb geschah, wie Beethoven sie in nicht geringer Anzahl der Reihe nach leidenschaftlich verehrte. Sein S p i e g e l war gebrochen. Freund Zmeskall muss eiligst aushelfen, wie man aus zwei Briefchen entnimmt, die uns durch Zmeskalls Fürsorge erhalten sind und deren eines vom Empfänger mit „18. April 1810" datiert ist. Man findet diese Briefchen bei Thayer abgedruckt (III, 138).

Ich meine nicht irre zu gehen, wenn ich annehme, dass Beethoven um jene Zeit nicht selten einen S p a -

---

den Erinnerungen der Baronin Jenny von Gustedt aufmerksam machen. („Aus Goethes Freundeskreise, Erinnerungen der Baronin Jenny v. Gustedt, herausgegeben von Lily v. Kretschman". Braunschweig, Westermann 1892, S. 35 ff. und 42 ff.)

[1]) Vgl. Thayer: Beethoven I, 253.

F. Kleins Beethovenmaske (Vorderansicht).

zierstock getragen hat. Ein wohl beglaubigtes Exemplar, das an Freund Gleichenstein gelangt ist und sich in dessen Verwandtschaft vererbt hat, gehört gegenwärtig der Fabrikantensgattin Frau v. Mühlbacher in Klagenfurt. Ein zweiter Beethovenscher Spazierstock wird vom Verein „Beethovenhaus" in Bonn bewahrt.

In einer gewissen Beziehung zur äusseren Er-

F. Kleins Beethovenmaske (Seitenansicht).

scheinung Beethovens stehen auch die Aussprüche Goethes und Spohrs über Beethoven. Louis Spohr bringt ähnlich wie früher Reichardt, die rauhe Schale und den edlen Kern in Gegensatz, wenn er in seiner Autobiographie vom Beethoven des Jahres 1812 schreibt: „Beethoven war ein wenig derb, um nicht zu sagen roh; doch blickte ein ehrliches Auge unter den buschigen

Augenbrauen hervor." Das „schroffe, selbst abstossende Benehmen Beethovens" wird von Spohr auf Rechnung der Taubheit gesetzt.

Goethes Urteile über Beethoven, auch sein Ausspruch über die „ganz ungebändigte Persönlichkeit" Beethovens werden hier nicht eingehend behandelt, da ich das Verhältnis der beiden Grossen zueinander in der Reihe der Beethovenstudien eingehend besprechen möchte.[1]) Zudem besitzen wir für das Jahr 1812 Zeugnisse von Beethovens äusserer Erscheinung, die viel mehr ins Einzelne gehen als die wenigen einschlägigen Worte, die bei Goethe zu finden sind.

Ich meine die Gesichtsmaske und eine danach gefertigte Büste, beide vom Bildhauer Franz Klein[2]) hergestellt, von demselben Klein, der auch

---

[1]) Die stets fortschreitende Goetheforschung macht ja eine Neubearbeitung des Themas nötig, das ich schon 1883, also noch in der Zeit vor der Weimarer Ausgabe, vor dem Goethejahrbuch behandelt hatte. Vgl. „Beethoven und Goethe", Wien, Gerold 1883 und Kastners „Wiener musikalische Zeitung" 1886 (Dezember) „Zur Beethoven-Literatur der letzten Jahre". Siehe auch die Nachträge von 1889 zu meinem Buche „Neue Beethoveniana". Eine Studie, die bald auf die vorliegende folgen soll, wird die neuere Literatur angeben.

[2]) Franz Klein, geboren zu Wien am 27. April 1779 starb „nach 1836". Franz sollte ursprünglich Fiaker werden, kam dann zum Militär und endlich an die Akademie unter Martin Fischers Leitung, welcher Klein gründliche Kenntnisse auf dem Gebiete der Anatomie zu danken hat. Klein arbeitete denn auch für Gall und Spurzheim. Später fertigte er Modelle für das neue Museum für pathologische Anatomie in Wien. Klein schuf auch mehrere Grabdenkmäler (vgl. den Katalog der Wiener akademischen Ausstellung von 1877, auf welcher die lebensgrosse Bleibüste des Arztes Andreas von Stifft, modelliert von Klein, zu sehen war). Über Klein S. Hormayrs Archiv 1827 (S. 28 ff.), Tschischka: „Kunst und Altertum in Wien" (S. 369), ferner das „Kunstblatt" von 1832 (S. 328), F. Pietzniggs „Mitteilungen aus Wien" 1834 und 1835, sowie Naglers und Wurzbachs Lexika.

1832 die Maske des Herzogs von Reichstadt genommen hat. Diese Gesichtsmaske Beethovens[1]) und die Büste bilden so ziemlich die wichtigsten Punkte unserer Erörterung. Soweit auf dem Wege des Gipsabgusses ein getreues Abbild gegeben werden kann, haben wir es hier vor uns. Seit Jahrhunderten kennt man die Vorteile der mechanischen Nachbildung in Gips und nützt sie gelegentlich für die Porträtplastik aus. Wir können uns glücklich schätzen, dass dieses Verfahren der Nachbildung auch bei Beethoven angewandt wurde und dass wir eine zu Lebzeiten Beethovens geformte Maske besitzen; denn, wären wir auf die übrigen gezeichneten oder modellierten Bildnisse allein angewiesen, so fehlte uns jeder sichere Halt bei Beurteilung ihrer Zuverlässigkeit. Das Urteil der Zeitgenossen über die Ähnlichkeit der einzelnen Bildnisse des Meisters ist uns in den wenigsten Fällen mit Präzision überliefert worden. Auch dann aber, wenn es der Fall wäre, hätten diese Urteile nur einen relativen Wert, da sie von tausend Beweg-

---

[1]) Bezüglich der Maske Beethovens vgl. Thayer III, 202. In L. A. Frankls „Sonntagsblättern" 1847 wird in dem Artikel „Dreizehn Büsten Beethovens" die Kleinsche Maske mit der Totenmaske verwechselt. — In Zeitungsnotizen vom Sommer 1885 war auch die Rede von einer Maske, die vier Jahre vor Beethovens Tode, also im Jahre 1823 gefertigt worden sein soll. Ich vermute, dass es sich hier ebenfalls um eine Verwechslung handelt, da es unwahrscheinlich ist, dass sich Beethoven im Jahre 1823 noch einmal einer lästigen Abformung unterzogen hätte. Auch war gerade damals nicht Beethoven, sondern Rossini der Held des Tages. Auf dem Klauserschen Tableau ist allerdings eine Beethovenmaske abgebildet, die nicht mit der Totenmaske übereinstimmt und doch auch nicht mit der Kleinschen, indem sie weiter über die Stirn hinaufreicht als die Kleinsche. Soweit man aber unterscheiden kann, liegt hier nur eine Variante der Kleinschen Maske vor. Sollte es aber doch eine um 1823 genommene Maske sein, so würde sie beweisen, dass sich Beethoven von 1812 bis 1823 so gut wie gar nicht verändert hätte. Das ist höchst unwahrscheinlich.

gründen und Vorurteilen beeinflusst waren, die wir jetzt unmöglich vollkommen durchschauen können. Die Maske, noch zu Lebzeiten des Künstlers abgenommen, bildet also für die Beur-

F. Klein: Büste Beethovens.

teilung der Bildnisse Beethovens einen Schatz, dem wir uns nun nähern wollen.

Andreas Streicher, bekannt als Schillers Freund und berühmt als Klavierbauer, hatte in seinem Klaviersalon zu Wien eine Reihe von Büsten bedeutender Tonkünstler aufgestellt und wollte in dieselbe auch eine Büste Beethovens einfügen.[1]) Der Meister gestattete, dass zu diesem Zweck sein Antlitz in Gips abgeformt werde. Während dieser allerdings sehr lästigen Operation benahm sich nun Beethoven so ungebärdig, dass der erste Versuch des Bildhauers misslang. Beethoven fürchtete, unter der drückenden Hülle zu ersticken. Erst ein zweiter Versuch war von Erfolg und liess eine brauchbare Form zustande kommen. Aus dieser nahm Klein seine M a s k e ,[2]) die als Grundlage für die von Streicher be-

---

[1]) Nach den Mitteilungen der Frau von Streicher, Schwiegertochter Nanettens, die ich um 1880 in der Angelegenheit befragt hatte. Eine andere Erzählung, die im Wiener illustrierten Extrablatt vom 12. November 1904 gedruckt wurde, erweist sich als ein etwas gewagter Scherz.

[2]) Die Maske findet sich in ganz kleinem Massstabe wiedergegeben auf einer Federzeichnung von Fortuny, die reproduziert ist. Auch mehrere Photographien existieren von der Maske. In Halbprofil ist sie um 1870 von Wendling aufgenommen worden. Vermutlich nach dieser Aufnahme hergestellt ist die kleine Abbildung der Maske von 1812 auf K. Klausers Tableau. Auch d e Maske, die dort als Totenmaske abgebildet ist, geht, soweit man es an der Abbildung unterscheiden kann, auf die Abformung Kleins zurück. In neuerer Zeit häuften sich die Nachbildungen der Maske in Musikzeitschriften und Büchern, ohne dass irgendwo Neues zur Angelegenheit beigebracht worden wäre. Als Abbildungen in halbem Profil wäre etwa zu nennen die von 1897 in der Rivista musicale italiana und die kleinere Abbildung im „Beethoven" des Berliner Harmonieverlags. Eine gute Vorderansicht dient als Titelbild für Romain Rolland: Beethoven (1903). Wieder de face gesehen ist die Abbildung in „Le Ménestrel" von 1905 (71. Jahr, No. 18). — Im Besitz der Gesellschaft der Musikfreunde zu Wien eine kleine sepierte Bleistiftzeichnung nach der Maske von 1812 von G u s t a v G a u l. 1880 wurde die Kleinsche Maske auf meine Veranlassung von J. Löwy in Vorderansicht und im Profil photographiert. Seither ist sie auch von Mahlknecht aufgenommen und im Verlag von J. V. Heck (in Wien) in den Handel gesetzt worden. Einen kleinen Holzschnitt der Vorderansicht brachte die „Leipziger illustrierte Zeitung" vom 19. Dezember 1885. Die Streichersche Tradition von Beethovens ungebärdigem Benehmen findet sich zuerst mitgeteilt

stellte B ü s t e gedient hat.[1]) Beide sind in Abbildungen dieser Studie beigegeben. Eine Vergleichung der beiden Werke zeigt die nahe Verwandtschaft ganz

Beethovenkopf der Kleinschen Büste.

deutlich. Klein ist getreulich bei den Zügen der Maske geblieben und hat nur das hinzugefügt, was eben zur Her-

in Kabdebos „Kunstchronik", Wien, Mai 1880. Unter den modernen Beethovenbildnissen schliessen sich viele, nicht zuletzt auch C. Dakes Radierung eng an die Maske an.

[1]) Unzweifelhaft sind mehrere der noch heute im Besitze der Familie Streicher befindlichen Büsten gleichfalls von F. Klein modelliert und um dieselbe Zeit ausgeführt wie die Beethovenbüste,

stellung einer Büste nötig war. Dieses ängstliche Festhalten an der Vorlage weist zwar auf eine geringe künstlerische Freiheit, muss aber als ein grosses Glück für unseren Fall betrachtet werden. Denn, hat sich der Bildhauer in bezug auf das Antlitz keine Änderungen erlaubt, so ist auch anzunehmen, dass er in allen übrigen Stücken gewissenhaft wiedergegeben hat, was er vor sich sah. Demnach werden wir auch die Fülle des dichten, nicht allzu langen Haares, das nach allen Seiten aus dem Gesicht gestrichen ist, mit einigem Vertrauen aufnehmen, ebenso die Kleidung. Die mächtige Brust des Meisters fiel freilich dem konventionellen Zuschnitt der Büste zum Opfer. Was das Haar betrifft, so dürfen wir jedenfalls mit in Rechnung ziehen, dass es vor dem Abgipsen des Gesichtes aus der Stirn gestrichen werden musste. Davor und danach wird es wohl nicht so regelmässig ausgesehen haben, wie an der Büste. Das Antlitz Beethovens aber lässt sich nach der Maske und nach der Kleinschen Büste am besten studieren. Hier finden wir all die Unregelmässigkeiten und Eigentümlichkeiten, die des Meisters Gesicht charakterisieren, unverfälscht festgehalten: die fast kugelige, breite Stirn,[1]) die eher hoch

---

so die von Andreas Streicher, die durch das geschabte Blatt von Chr. Mayer in Wurzbachs „Schillerbuch" bekannt geworden ist. Die Angabe, als sei diese Büste Streichers eine Arbeit des Bildhauers Dietrich, ist jedenfalls irrig. Ebenso der Stil der Büste, wie ihre wahrscheinliche Entstehungszeit, ganz abgesehen von der Familienüberlieferung, weisen auf den früheren Franz Klein und nicht auf den späteren Anton Dietrich, der erst 1799 geboren ist. Joh. Andreas Streicher (geboren 1761, gestorben 1833) ist in der Büste etwa 40—50jährig dargestellt, also gegen 1810 modelliert. Das reimt sich nicht zu Dietrich, der damals etwa elf Jahre zählte.

[1]) Eine nicht eben gelungene Abbildung von Beethovens Stirne allein bei C. G. Carus in seiner „Symbolik der menschlichen Gestalt" 2. Auflage (1858) S. 178. Hierzu auch „Wiener Abendpost" vom 4. Juli 1888.

als niedrig zu nennen wäre, mit den stark ausgeprägten Höckern, die ziemlich tief eingesenkte Nasenwurzel, von der zwei breite Furchen nach der Stirn aufsteigen, die kurze breite Nase, die vorstehenden Kiefer. Das Lippenrot scheint schmal, wenngleich wir hier auf das feste Schliessen des Mundes während des Abgipsens rechnen müssen. Der Mund ist breit, in den Winkeln nicht unbedeutend nach abwärts gezogen. Die Nasenmundfalte ist tief, wenn auch nicht scharf und schmal, und verstreicht nach aussen hin in der Höhe des Mundes. Durch zahlreiche Asymmetrien auffallend ist das breite Kinn, dessen rechte Hälfte ganz unregelmässig gestaltet ist. Etwa daumenbreit unter der Mundspalte verläuft, fast parallel mit dieser, eine tiefe Querfurche, die sogar noch ein wenig in die linke Hälfte des Kinnes hinüberreicht. Auch gegen den unteren Rand zu erscheint die rechte Hälfte verkümmert. Springt die linke fast wie eine kleine Halbkugel hervor, so verläuft die rechte Hälfte des Kinnes wie ein flacher Wulst, der sich gegen die Mitte zu etwas aufwärts biegt. Die letzerwähnte Asymmetrie ist vielleicht durch den Bau des Kinnes von vornherein bedingt. Gewiss aber nachträglich erworben ist die tiefe Querfurche in der rechten Kinnhälfte. Sie gehört offenbar in die Reihe jener zahlreichen und tiefen Narben verschiedener Grösse, die über das ganze Antlitz verstreut sind. Grössere Narbengruben gewahrt man auch über der Nasenwurzel. Das ganze Gesicht ist breit, ziemlich wohlgenährt, aber nicht eigentlich feist. Die Augen dürften tief gelegen haben, vielleicht tiefer als sie Klein in der Büste modelliert hat. Sagt doch Schindler von Beethovens kleinem braunen Auge, dass es sich beim Lachen beinahe ganz in den Kopf versteckte.[1]) Ein ganz kleiner Backenbart vor dem Ohre ist endlich nicht zu vergessen.

---

[1]) Erste Auflage S. 270.

Die Abbildung der Büste[1]) muss meine Beschreibung in jenen Punkten ergänzen, die in Worten nicht gut wiederzugeben sind; ich konnte nur auf einige hervorstechende Züge aufmerksam machen.

Erst auf Grundlage einer eingehenden Betrachtung der Maske und der Büste von 1812 ist es möglich, eine haltbare Kritik der Bildnisse Beethovens zu liefern. Wir blicken deshalb noch einmal auf die Porträte zurück, die wir bisher kennen gelernt haben. Vorausnehmend wurde von der Vergleichung mit der Maske schon bei Beurteilung der Schnorrschen Zeichnung und des Mählerschen Bildes Gebrauch gemacht. Der Abguss, den ich besitze und der bisher für alle vergleichenden Studien benützt worden ist, stammt von der Form, die sich beim Bildhauer Professor Caspar Zumbusch in Wien befunden hat. Diese Form stammt (nach mündlicher Mitteilung des Herrn Professors Zumbusch) mittelbar aus dem Nachlasse des Bildhauers Dietrich. Die Originalform, welche Fr. Klein angefertigt hat, ist zugrunde gegangen, so dass uns die offenbar zweitälteste Form aus Dietrichs Nachlass die wichtigste sein muss, besonders wichtig im Gegensatz zu den zahlreichen neueren Formen, die heute schon Verbreitung gefunden haben. Nun zur Vergleichung: An dem Beethoven von S c h n o r r war höchstens das Profil der Stirn als zuverlässig zu bezeichnen. Am M ä h l e r schen Bilde war uns aufgefallen, dass den Pockennarben zu wenig Rechnung getragen ist. Indes

---

[1]) Die erste Abbildung, eine Heliogravure, wurde in der ersten Auflage meines Buches „Neue Beethoveniana" gegeben. Mehrere andere sind nachgefolgt, unter denen ich das grosse Blatt aus der für Schulen hergestellten Porträtgalerie in E. A. Seemanns Verlag hervorheben will. Kleinere Abbildungen u. a. in der Zeitschrift f. bildende Kunst (Herbst 1892), „Rivista musicale italiana", in Werkmeisters „Das neunzehnte Jahrhundert in Bildnissen", in „Dur und Moll" II. Jahr, Heft 3, im „Beethoven" (Berlin, Harmonie).

zeigte sich das Kinn mit richtiger Beobachtung der Natur wiedergegeben. Im ganzen ist eine allgemeine Ähnlichkeit mit der Maske nicht zu bestreiten. Die Stiche um 1801 und das Hornemansche Bildchen liegen ihrer Entstehungszeit nach allerdings von der Maske schon etwas weit ab. Immerhin dürfte Beethovens Antlitz in der Zeit vom 30. bis zum 42. Lebensjahre keine so wesentliche Veränderung erlitten haben, dass eine Vergleichung von vornherein als unzulässig auszuschliessen wäre. Halten wir also die älteren kleinen Porträte gegen die Maske. Da lässt sich eine gewisse gegenseitige Verwandtschaft auch hier nicht verkennen, besonders in bezug auf die Miniatur von Horneman. Nur erscheint dort die Nase zu massig, wenngleich ihre Modellierung gelungen sein dürfte. An den kleinen Stichen um 1801 scheint mir das Kinn zu schmal gebildet zu sein.

Die Zeit, in welcher die Maske genommen ist, mit den Jahren unmittelbar darauf bildet so ziemlich den Höhepunkt in Beethovens körperlichem Dasein. Nichtsdestoweniger wird das Äussere des Meisters in jenen Jahren von einem Zeitgenossen, dem Kupferstecher Blasius Höfel, ein nachlässiges, zuweilen geradewegs schmutziges genannt. Es war nicht unberührt geblieben von den Geldverlegenheiten und argen Enttäuschungen, die den Meister damals getroffen hatten.[1]) Mit Höfels Aussage stimmt es sehr gut überein, wenn Beethoven im Jahre 1813 an Zmeskall schreibt: „Die Frisur ist, wie Sie wissen, mein letztes Augenmerk." Auch Tomaschek bemerkt um jene Zeit die Unordnung nicht nur im Hause, sondern auch im Äusseren. Tomaschek hatte Beethoven

---

[1]) Vgl. Thayer III, 296. Der greise Höfel erzählte dem Beethoven-Biographen Thayer vieles über seine Beziehungen zu Beethoven.

am 10. Oktober 1814 besucht und schreibt über diese Begebenheit:[1]) „Am 10. vormittag besuchte ich in Gesellschaft meines Bruders Beethoven. Der Arme hörte ausserordentlich schwer an diesem Tage, so dass man mehr schreien als sprechen musste, um für ihn verständlich zu sein. Das Empfangszimmer, in dem er mich freundlich begrüsste, war nichts weniger als glänzend möbliert, nebstbei herrschte auch darin eine **so grosse Unordnung als in seinem Haare**."

Dr. Alois Weissenbach, der Dichter des Textes zu der Kantate „Der glorreiche Augenblick", macht über den Beethoven der Kongresszeit einige Angaben, die wohl schon mehrfach benützt sind, die ich aber der Vollständigkeit wegen nochmals hierhersetze.

„Beethovens Körper", so schreibt er in seiner „Reise zum Kongress",[2]) „hat eine Rüstigkeit und Derbheit, wie sie sonst nicht der Segen ausgezeichneter Geister sind." Nach einer sehr verfehlten kranioskopischen Bemerkung fährt der Autor fort: „Die Rüstigkeit seines Körpers jedoch ist nur seinem Fleische und seinen Knochen eingegossen; sein Nervensystem ist reizbar im höchsten Grade und kränkelnd sogar . . ."

Die äusserliche Derbheit, die uns Dr. Weissenbach hier verbürgt, finden wir auch durch Castellis Wort bestätigt: „Beethoven war eigentlich die personifizierte Kraft."[3]) So zeigt ihn auch ein Bildnis, das in jener Zeit entstanden ist. Ich meine den Höfelschen Stich

---

[1]) Vgl. „Libussa" 1846. („Tomascheks Selbstbiographie" S. 357 ff.)

[2]) „Meine Reise zum Kongress" und „Wahrheit und Dichtung", Wien, Wallishauser 1816, S. 166.

[3]) Mündliche Äusserung gegen Thayer (vgl. Thayer III, 103). Über die Beziehungen Castellis zu Beethoven vgl. den Abschnitt: „Briefe Beethovens", in meinem Buche „Neue Beethoveniana" S. 91 ff.

nach der Zeichnung von Letronne,¹) ein Blatt von künstlerischem Wert, dessen Porträtähnlichkeit ziemlich allgemein anerkannt ist. Eine verkleinerte Nachbildung desselben findet sich hier neben.

Ein neuer Anstoss dazu, die Züge des Komponisten im Bilde festzuhalten, war jedenfalls durch die grossen Erfolge gegeben worden, die Beethoven zur Zeit des Kongresses errungen hatte. Seither war dem Verleger eines guten Beethovenbildnisses reichlicher Absatz gesichert. So hängt es jedenfalls zusammen, wenn wir seit 1814 eine ganze Reihe von Porträten des Meisters in kurzer Aufeinanderfolge entstehen sehen, da er doch früher in dieser Hinsicht weniger beachtet worden ist. Das Höfelsche Blatt eröffnet diese Reihe; es hat manche Eigenschaften, die es einer eingehenden Beachtung würdig machen. Die Zeichnung von Louis Letronne, auf welche der Stich zurückgeht, soll allerdings schlecht gewesen sein. Höfel hat dies viele Jahre später dem Beethoven-

---

¹) Über Blasius Höfel (geb. 1792, gest. 1863) vgl. Hormayrs „Archiv" 1826, S. 498 ff., 1827, S. 299, 1832, S. 130 ff., Pietzniggs „Mitteilungen aus Wien" 1832 (I, 94), 1834 (S 68), „Österreichs Ehrenspiegel", herausgegeben von Bohr, Höfel und Reitze, Wien 1836, ferner die Lexika von Nagler und Wurzbach und die Handbücher für „Kupferstichsammler" von J. Heller und A. Andresen. Auch Castellis „Memoiren" III, S. 188 und Thayers „Ein kritischer Beitrag zur Beethoven-Literatur", S. 10 und 15, ferner Boeheims Artikel in Kabdebos „Kunstchronik" I, S. 65 ff. Auch Schasler: „Die Schule der Holzschneidekunst", S. 134, 136, 259, A. Mayer: Buchdruckergeschichte Wiens (II, 225 ff., 264 ff.), „Zeitschrift des deutschen und österr. Alpenvereins" (red. v. Trautwein) 1882 S. 31, den Katalog der Wiener Miniaturenausstellung von 1905. 1817 hat Letronne den Baron A. Stifft gezeichnet (danach das Blatt von V. Kininger aus dem Jahre 1818). „Die vervielfältigende Kunst der Gegenwart"; Wien 1886, S. 4 ff. Zeitschrift f. bildende Kunst N. F. IV, S. 20. Über Louis Letronne vgl. Naglers Künstlerlexikon. L. Nohl: Beethoven nach den Schilderungen seiner Zeitgenossen 181, 184. Der Name war auch vertreten auf der Wiener Miniaturenausstellung 1905.

Beethovenbildnis von Letronne und Höfel.

biographen A. W. Thayer erzählt, der ihn in Salzburg aufgesucht hatte.[1]) Wie eine spätere, 1837 veröffentlichte

---

[1]) Vgl. Thayer: „Ein kritischer Beitrag zur Beethoven-Literatur", Berlin 1877, S. 15. Der Besuch bei Höfel in Salzburg wird dort erwähnt. Bezüglich der Höfelschen Mitteilung vgl. Thayers Beethoven-Biographie III, 295 f., S. 403.

Radierung nach Letronnes Zeichnung erkennen lässt, war die Vorlage, die Letronne lieferte, geradewegs unter aller Kritik.[1]) Der geschickte Stecher aber tat offenbar hier die Hauptarbeit, indem er sich mehr an das natürliche Vorbild als an die Zeichnung hielt. Er erzählte Thayern (am 23. Juni 1860 in Salzburg), „mit welchem Eifer er bemüht gewesen, eine vollkommene Ähnlichkeit hervorzubringen, eine Sache, die für den jungen Künstler von grosser Wichtigkeit war." Thayer fährt auf Grundlage der Mitteilungen des Kupferstechers fort: „Höfel sah Beethoven oft bei Artaria, und, als seine Arbeit schon ziemlich vorgerückt war, bat er ihn, ihm ein- oder zweimal zu sitzen. Das Ansuchen wurde bereitwillig gewährt, und zur bestimmten Zeit erschien der Stecher mit seiner Platte. Beethoven setzte sich in die erforderliche Position und blieb vielleicht fünf Minuten lang ziemlich ruhig; dann sprang er plötzlich auf, lief zum Klavier und begann zu phantasieren, zu Höfels grosser Qual. Der Bediente half ihm aus der Verlegenheit, indem er ihm versicherte, dass er sich jetzt nahe ans Instrument hinsetzen und mit Musse arbeiten könne. Denn sein Herr habe ihn völlig vergessen und wisse nicht mehr, dass überhaupt noch jemand im Zimmer sei." Höfel ging nun an die Arbeit und blieb solange dabei, als es ihm wünschenswert erschien. Dann ging er fort, ohne dass Beethoven die geringste Notiz davon nahm. Zwei solche Sitzungen von weniger als je einer Stunde waren für Höfels Zwecke hinreichend.

Das Porträt, das auf diese Weise zustande kam, ist nun allerdings zuverlässig ein wenig idealisiert. Die Pockennarben sind verschwiegen. Der allgemeine Cha-

---

[1]) Diese Radierung, die als Kuriosität der F. N. Manskopfschen Sammlung Beachtung verdient, ist faksimiliert worden für „Die Musik" Band I, Heft 12.

rakter von Beethovens Antlitz aber und der Blick sind nach der Aussage zuverlässiger Quellen gar wohl getroffen. 1823 schrieb Sporschill, der jedenfalls mit Beethoven genau bekannt war, ans Stuttgarter Morgenblatt unter anderem: „Das Bildnis, welches die Kunsthandlungen von diesem Fürsten der Gesänge verkaufen, hat Ähnlichkeit."[1]) Auch J. A. Stumpff äusserte sich 1823 günstig über diesen Stich, obwohl er 1823 nicht mehr dem Äusseren Beethovens entsprach.[2]) Nicht ohne Bedeutung ist hier auch eine Notiz, die man A. W. Thayer verdankt. Dieser schreibt anlässlich des Stiches von Höfel in seiner Beethovenbiographie[3]) folgendes: „Im Jahre 1851 zeigte Alois Fuchs dem Verfasser seine grosse Sammlung, und als er an dieses Bild kam, rief er mit grossem Nachdrucke aus: ‚so hab ich ihn kennen gelernt!'"

Ein Zeitgenosse Beethovens schreibt bald nach dessen Tod in den Berliner Nachrichten von Staats- und gelehrten Sachen (No. 96 vom 5. April 1827): „. . . Unter den vielen Bildern, die man von Beethoven hat, ist meines Erachtens das in seinen jüngeren Jahren von Louis Letronne gezeichnete und von Riedel gestochene das ähnlichste. In seinen Augen lag etwas ungemein Lebendiges und Glänzendes, und die Regsamkeit seines ganzen Wesens hatte wohl seinen Tod nicht als so nahe erwar-

---

[1]) L. Nohl „Beethoven nach den Schilderungen seiner Zeitgenossen" S. 184, gibt die ursprüngliche Quelle nur ungenau an, wogegen bei Hans Volkmann „Neues über Beethoven" S. 79 Sporschill als Gewährsmann nachgewiesen wird. In der angeführten Stelle kann wohl nur der Höfelsche Stich gemeint sein.

[2]) Schindler: Beethoven in Paris (1842) S. 164 ff. nach dem Supplement der englischen Übersetzung seiner Beethovenbiographie nach dem „Harmonicon" von 1824 und nach den Jahrbüchern f. musikalische Wissenschaft. Dieselbe Erzählung bei Nohl B. Zeitg. S. 175 ff.

[3]) III, 296.

ten lassen . . ."¹) Der Riedelsche Stich gibt aber genau denselben Typus wieder, wie der Höfelsche.

Auch Schindler, der den Beethoven des Jahres 1814 gar wohl gekannt hat, gibt dem Höfelschen Stiche unter den älteren Bildnisen „unbedenklich den Vorzug". (II, 287.) Sogleich in der ersten Auflage seiner Beethovenbiographie nennt er es unter den brauchbaren Bildnissen.

Werfen wir einen Blick auf den Stich selbst oder auf die nur wenig verkleinerte Nachbildung, die hier gegeben wurde, so sehen wir den Meister im Brustbilde dargestellt. Er blickt uns mit hellem Auge gerade an. Der Ausdruck seines Antlitzes ist ein froher und tritt somit zu dem Ernste in Gegensatz, der die frühen Bildnisse Beethovens beherrscht. Ein kerniges Antlitz mit breiter Nase, breitem Munde. In die Stirn herab reichen zwei grosse Büschel des dichten Haares. Wie es die Zeit verlangte, trägt Beethoven noch immer die Vatermörder, die wir schon um 1807 beobachtet haben. Die helle Halsbinde aber reicht nicht mehr bis ans Kinn, die Weste dagegen noch hoch bis an den Hals hinauf.²)

Beethoven selbst hatte offenbar Freude an diesem Porträt. So schickte er es z. B. durch Herrn Eichhoff an Wegeler nach Bonn. Später erkundigte er sich dann, ob Wegeler es erhalten hat.³) „. . . ich hoffe, du hast

---

¹) Hier nach Seyfried: „Beethovens Studien usw.", Anhang S. 95.

²) Hochovales Stichfeld, gr. 4⁰. Doppelte punktierte Einfassungslinie. Parallel mit dieser ist folgendes geschrieben: „Dessiné au Crayon par Louis Letronne et gravé par Blas. Höfel 1814." Titel: „Ludwig van Beethoven." Ganz unten mitten die Adresse: „Wien bey Artaria und Comp."

³) Wegeler (biogr. Notizen, S. 48) gibt hierzu die Anmerkung, dass der Stich von Höfel nach Letronne gemeint sei. Auf dem Blatte stand unten: „Für meinen Freund Wegeler. Wien, den 27. März 1815. Ludw. van Beethoven." Auch einem Herrn Huber übersendet er auf Verlangen den Stich von Höfel. Th. III, 296.

meinen Kupferstich und auch das böhmische Glas erhalten." An Ries schreibt er im März 1816 gleichfalls von seinem Porträt, das wahrscheinlich das Höfelsche Blatt ist. „... Übrigens sollte sich mein lieber Schüler Ries hinsetzen und mir etwas Tüchtiges dedizieren; worauf denn der Meister auch antworten wird und gleiches mit gleichem vergelten. Wie [,] soll ich Ihnen mein Porträt schicken?"

In Leipzig wurde das Blatt rasch nachgestochen, und zwar von Riedel schon im Jahre 1815. Dieser Stich ist der „Allgemeinen musikalischen Zeitung" vom Jahre 1817 als Titelbild vorangestellt.¹) Eine Lithographie von H. E. v. Wintter, die im Jahre 1817 hergestellt ist, und die wohl hätte als Originalbildnis gelten sollen, scheint nur eine matte Kopie nach Höfels Stich zu sein.²)

Dieses Exemplar mit dem kurzen Begleitschreiben ist noch vorhanden und befand sich lange Zeit im Besitze von Herrn J. Markowitz in Wien.

¹) Das Blatt trägt die Bezeichnung: „Dessine" (sic!) „au Crayon p. Louis Letronne et grave" (sic!) „p. Riedel 1815." Über dem Porträt ist in Letterndruck der Titel der Zeitschrift zu lesen. H. 0, 14, 4, Br, o, 11, 8. Zuverlässig existieren auch Abzüge ohne diesen Druck. Schindler (II, 287) erwähnt, dass der Stich bei Breitkopf und Härtel „auch im Handel" erschienen ist. Neuestens nachgebildet bei O. Bie, Die Meister des Klavierspiels. Der Wiener Stecher Kurka, der u. a. auch von Artaria für Titelbilder beschäftigt wurde (vgl. „Zweite Beethoveniana", S. 365), scheint einen Nachstich ausgeführt oder beabsichtigt zu haben. Wenigstens hat sich eine vorbereitende punktierte Zeichnung im Besitze seiner Familie in Wien erhalten.

²) Eine Anzahl von späteren Beethovenbildnissen geht auf den Letronne-Höfelschen Typus zurück, so die Stiche von Bollinger (gutes Blatt), Geoffroy, von T. Blood, auch das wenig einnehmende Bildnis, welches dem kleinen „Beethoven" von Fel. Clément (Paris, Hachette 1882) vorangestellt ist. Es sei hier auch erwähnt, dass die kalligraphische Abschrift der Kompositionen Beethovens im Besitze der „Gesellschaft der Musikfreunde" in Wien mit dem Höfelschen Stiche geziert ist. Neue Nachbildungen: auf Klausers Tableau und

Zur Belebung des Eindruckes, den wir von der farblosen Maske und Büste und vom Höfelschen Stich empfangen, diene ein Abschnitt aus der Personsbeschreibung, die Schindler in der ersten Auflage seiner Beethovenbiographie vom Meister entwarf und die wohl hauptsächlich den lebensfrischen Beethoven der Zeit von 1814 bis 1820 im Auge hat.[1]) (S. 271.) „Der Teint . . . war gelblich, der sich aber durch das viele Wandern in der freien Natur, besonders zur Sommerszeit, verlor, wo dann die vollen Backen mit dem frischesten Firnis von rot und braun überzogen wurden." Noch dazu muss man sich Beethovens Antlitz äusserst beweglich vorstellen, ohne dass er aber dabei mit dem Kopfe als Ganzes unruhig gewesen wäre. „Was in seinem Kopfe vorging, prägte sich nur in seinem leuchtenden Auge und Gesichte aus," sagt Schindler, „niemals aber gestikulierte er weder mit dem Kopfe noch mit den Händen, ausgenommen, wenn er vor dem Orchester stand . . . Sein Lächeln verbreitete über das ganze Gesicht etwas überaus Gütiges und Liebreiches . . . dagegen verzerrte sein Lachen das geistreiche und stark markierte Gesicht; der grosse Kopf schwoll auf, das Gesicht wurde noch breiter, und das Ganze glich nicht selten einer grinsenden Fratze." Das Spiel der Augen

---

in der Zeitschrift f. bild. Kunst N. F. IV. Jahrg. und nahezu in jeder der zahlreichen neue Beethovenbiographien u. a. auch bei D. G. Mason, überdies in „Dur und Moll" II, Heft 3. Ziemlich selten ist eine, getreu nach Höfels Stich gefertigte Lithographie von Kunike mit der Adresse: „Wien im Verlage bei A. Kunike,... in Kommission bei S. A. Steiner und Kompagnie." Das ehedem für ein Originalbildnis Beethovens angesehene Blatt im Besitze des Heiligenstädter Gesangvereines ist ein beschnittenes Exemplar dieses Steindruckes. Schroeders Katalog von 1879 kennt ausserdem: „Brustb. 8⁰. Letronne p. Oertel lith." Druglins „Verzeichnis von Porträts zur Geschichte des Theaters und der Musik" Leipzig 1864, erwähnt einen „Reliefstich, 4. B., Höfel fec."

[1]) Schindler lernte Beethoven erst 1814 kennen.

und das ganze Wesen des Meisters in Momenten der Begeisterung wird gleichfalls von Schindler geschildert. Dann „trat [das Auge] plötzlich in ungewöhnlicher Grösse hervor, rollte entweder blitzend herum, den Stern fast immer nach oben gewandt, oder es bewegte sich gar nicht, stier vor sich hinblickend".[1])

Wie der Höfelsche Stich und seine ersten Nachbildungen, so dürften auch die beiden Gemälde, die ich nunmehr besprechen muss, ihre Entstehung der Weltberühmtheit verdanken, die Beethoven zur Kongresszeit mit einem Male erworben hatte. Künstlerisch wertvoll sind die Bilder von Mähler und von Heckel, die ich hier meine, freilich nicht. Indes müssen wir uns mit ihnen abfinden, da sie nun einmal vorhanden sind. Dieses Mählersche Bild, das in mehreren Wiederholungen vorhanden ist, dürfte wohl an Bedeutung ziemlich weit hinter dem ersten Mählerschen Beethovenbildnis zurückstehen. Wir sehen es uns einmal in der Nachbilung an und lesen nach, was darüber zu finden ist.

Die Entstehungszeit des zweiten Mählerschen Bildes wird durch eine Notiz in der „Allgemeinen Musikzeitung" vom August 1815 annähernd bestimmt. Dort lesen wir: „Eine besondere Würdigung und öffentliche Bekanntmachung verdient die Tonkünstlergalerie des Herrn Mähler. Dieser geschickte junge Mann studierte drei Jahre in Dresden bei dem berühmten Graff und bildete sich dann auf der hiesigen (Wiener) Akademie noch ferner aus. Als Liebhaber der verwandten Kunst verfertigte er in seinen Mussestunden eine Reihe von Bildnissen der einheimischen Tonsetzer, welche (Gemälde) sich sämtlich durch einen kräftigen Pinsel, sprechende Ähnlichkeit [?] und unverkennbaren Seelenausdruck [?] rühmlichst aus-

---

[1]) Alle Anführungen aus der ersten Auflage der Schindlerschen Beethovenbiographie.

zeichnen. Bis jetzt sind folgende Porträts vollendet: B e e t h o v e n, Eibler, Gelinek, Gyrowetz, Hummel, Seyfried, Weigl." Gegenwärtig befindet sich die Tonkünstlergalerie, die in jener Notiz der „Allgemeinen Musik-Zeitung" von 1825 bereits erwähnt ist, im Besitze der „Gesellschaft der Musikfreunde" zu Wien.[1]) Ob aber das für jene Tonkünstlergalerie gemalte Beethoven-Bildnis die Originalaufnahme oder eine Wiederholung ist, bleibt einstweilen unklar. Es scheint, dass die Originalaufnahme bei Mähler bis zu dessen Tode verblieben ist, und dass er für die Tonkünstlergalerie eine Wiederholung gemalt hat. Eine solche fertigte er auch für Beethovens Freund, Ignaz von Gleichenstein, in dessen Familie das Gemälde auch verblieben ist.[2]) Vor einiger Zeit befand es sich im Besitze des Majors Victor von Gleichenstein zu Freiburg i. Br. Diese Wiederholung ist von Ruf und Dilger in Freiburg photographiert und nach dieser Vorlage im „Graphic" (vom 8. Januar 1887) und in der „Leipziger illustrierten Zeitung" (vom 2. April 1887) reproduziert worden. Das bei Mähler verbliebene Bild kam später in die Familie v o n K a r a j a n.[3])

---

[1]) Vgl. C. F. Pohl: „Geschichte der Gesellschaft der Musikfreunde des österreichischen Kaiserstaates" (Wien 1871), S. 118. Ferner „Jahresbericht des Wiener Konservatoriums" von 1870, S. 15.

[2]) Vgl. Thayer III, 164, 327 und 519; erwähnt wurde das Bild auch 1866 in Faust Pachlers kleiner Schrift „Beethoven und Marie Pachler-Koschak" S. 29.

[3]) Vgl. auch J. J. Webersche illustrierte Zeitung vom 25. April 1891. — Löwy in Wien hatte es photographiert. Auf die Rückseite des Bildes schrieb Prof. Dr. Th. G. v. Karajan: „gemalt von J. Mähler... vor dem 27. Mai 1815 zu Wien. Mähler war geboren zu Ehrenbreitstein... starb in Wien 1860. Ich kaufte das Bild von seiner Erbin, namens Louise Gnadflieg, seiner Wirtschafterin im Juli 1860." Das Bild ist von Wendling, dann von Angerer photographiert worden und kommt auch auf Klausers Tableau vor. H. Adlard hat es gestochen (in 8⁰, nach 1860). Die Wiederholung im Besitze der „Gesellschaft der Musikfreunde" in Wien war im

Nach diesem Original ist die oben gegebene Abbildung hergestellt.

Vergleichen wir das zweite Mählersche Bildnis und seine Wiederholungen mit der Maske von 1812 und mit der Kleinschen Büste, so sind vor allem eine gewisse

Zweites Beethovenbildnis von Mähler.

Charakterlosigkeit und allgemeine künstlerische Schwäche unverkennbar. Wo dort an der Maske kräftige Formen, bestimmte Modellierung zu finden ist, lässt Mählers Bild gänzlich im Stich. Die Nase zu lang. Die Augen etwas

---

Jahre 1880 auf der historischen Porträtausstellung im Wiener Künstlerhause zu sehen (No. 482 des Kataloges) und neuerlich wieder in Wien auf der internationalen Ausstellung von 1892.

zu nahe beieinander. Das Kinn gänzlich verfehlt. Der Blick gezwungen. Das Unwesentliche, die Tracht, dürfte richtig sein, und man entnimmt aus diesen Bildnissen die Veränderungen am Halskragen, die einen Gegensatz zu früheren Porträten bilden.

Obwohl nun eine Vergleichung mit der Maske von 1812 sehr zu ungunsten dieses Mählerschen Bildnisses ausfällt, so scheint es doch, dass man mit gewissen Zugeständnissen eine Porträtähnlichkeit herausfinden hat können. Auf das Urteil Bauernfelds und Grillparzers, die beide vermutlich nur dieses eine Beethovenbildnis und ganz gewiss nicht alle gekannt haben, gebe ich in **dieser Frage** zwar nicht viel, wobei ich manche Stimme auf meiner Seite haben dürfte.[1]) Denn es wirkt nahezu komisch, das Machwerk Mählers „als das einzig ähnliche Bild Beethovens" durch die beiden genannten Dichter bezeichnet zu sehen,[2]) wenn dabei nicht etwa an ein **Missverständnis** zu denken ist, **das bei der überlieferungsweisen Fortpflanzung der Meinung jener Poeten leicht unterlaufen konnte.** Doch musste Mähler dieses Bildnis mehrmals wiederholen, was darauf hindeuten könnte, dass es nicht ganz verfehlt war. Oder lag das Wiederholen in der Aufdringlichkeit des Dilettanten?

Das Briefchen Beethovens, das im Abschnitt über das erste Mählersche Beethovenbildnis schon erwähnt worden, sei nun im Zusammenhang mit dem zweiten mitgeteilt. Zwar ist es bei Thayer (II, 237) schon gedruckt, doch keineswegs so genau, dass ein neuerlicher Abdruck

---

[1]) Z. B. die Richard Heubergers, der die Frage der Beethovenbildnisse in vorurteilsfreier Weise studiert hat.

[2]) Vgl. den „Fach-Katalog der musik-historischen Abteilung von Deutschland und Österreich-Ungarn" der internationalen Ausstellung für Musik und Theaterwesen in Wien 1892 (S. 295).

überflüssig wäre. Das Autograph kam nach Mählers Tod (1860) an Herrn Sektionsrat R. Capellmann. Durch die Freundlichkeit der Witwe Capellmanns habe ich das Original 1892 kennen gelernt. Aussen von Beethovens Hand: „für Hrn: von Mähler". Der Brief ist auf ein Oktavblättchen geschöpften Papiers ohne Wasserzeichen geschrieben (Deutsche Kursive, Tinte). Er lautet:

„Lieber Mähler

Ich bitte sie recht sehr sobald als sie mein Portrait genug gebraucht haben, mir es alsdenn wieder zuzustellen — ist es, dass sie dessen noch bedürfen, so bitte ich sie wenigstens um Beschleunigung hierin — ich habe das Porträt einer fremden Dame die dasselbe bey mir sah, versprochen, während ihres Aufenthalts von einigen Wochen hier in ihr Zimmer zu geben, wer kann solchen reizenden Anforderungen widerstehen, versteht sich, dass ein Teil von allen den schönen[1]) Gnaden,[2]) die dadurch[3]) auf mich herabfallen auch i h r e r nicht vergesssen wird.

ganz ihr

Bthon."

An dem H e c k e l schen Beethovenbildnisse, das ich im Sommer 1892 im Original gesehen, aber vorher längst nach einer Photographie gekannt habe, finde ich Übereinstimmungen mit der Maske; namentlich der Mund und das Kinn scheinen getroffen. Die Nase und Oberlippe sind offenbar zu lang. Das Haar ist wirr. Die

---

[1]) Das Wort: „schönen" ist verkratzt.
[2]) „Gnaden" ist auf ein anderes Wort geschrieben.
[3]) „dadurch" über der Zeile nachgetragen. Die drei folgenden Worte sind auf andere geschrieben.

Firma J. Ferdinand Heckel in Mannheim, in deren Besitze sich das Originalgemälde befindet, teilte mir gütigst vor Jahren mit, dass dieses Beethovenbildnis im Streicherschen Pianofortesaal gemalt sei.[1])

Wollen wir uns den Beethoven jener Jahre lebhafter vor Augen bringen, als es die Bilder von Heckel und Mähler gestatten, so horchen wir auf das, was der englische Pianist C h a r l e s N e a t e über ihn zu sagen weiss.

Heckelsches Beethovenbildnis.

Neates Mitteilungen beziehen sich auf den Sommer 1815. Sie sind uns durch Thayer überliefert worden. Neate spricht zunächst von Beethovens bezaubernder Freundlichkeit gegen Personen, die ihm zusagten. Seine Abneigungen waren dagegen überaus heftig. Dann kommt Neate auf die äussere Erscheinung des Meisters zu sprechen: „Seine dunkle Gesichtsfarbe war in jener Zeit stark gerötet und [sein Mienenspiel] in hohem Grade belebt; sein üppiges Haar war in wunderlicher Unordnung. Er

---

[1]) Brustbild, Ölgem. auf Leinwd. (h. 0,63, br. 0,49). Der Kopf ist ein wenig nach rechts gewendet. Um 1886 hat die genannte Firma eine Photographie nach ihrem Beethoven ausgegeben. Der Steindruck von Hatzfeld nach dem Heckelschen Bilde die u. a. auch in Nottebohms Verzeichnis vorkommt, ist heute schon selten geworden. (Retuschierte Nachbildung in der Zeitschrift „Die Musik".)

lachte fortwährend, wenn er bei guter Laune war, und dies war er meistenteils . . ."¹)

Teilweise Bestätigung und Ergänzung finden diese Worte durch die Angaben des Doktors C a r l v o n B u r s y, der Beethoven im J u n i 1 8 1 6 besuchte. Er beschreibt den Meister so: „Klein, etwas stark, zurückgestrichenes Haar, worunter schon viel graues zu sehen ist, ein etwas rotes Gesicht, feurige Augen, die zwar klein [klar?], aber tiefliegend und voll ungeheuren Lebens sind . . . Sobald er schwieg, so runzelte sich seine Stirn und er hat ein düsteres Ansehen, dass man Scheu vor ihm haben könnte".²) Weiter heisst es: „Beethoven . . . war nicht wie Jean Paul in Lumpen gehüllt, sondern ganz in Gala."

So war Beethoven im Jahre 1816. Vielleicht ist auf den S t i m m u n g s w e c h s e l Gewicht zu legen, der in den beiden letzten Anführungen zutage tritt. Im Sommer 1815 ist unser Meister noch vorwiegend bei guter Laune und lacht noch gern und viel. Ein Jahr darauf muss dem Beobachter schon sein düsteres Aussehen auffallen. Sollte nicht der Tod des Bruders Carl im November 1815 mit all den unangenehmen Folgen, die sich daran knüpften, hier von Einfluss gewesen sein? Ein solcher Zusammenhang drängt sich einem geradewegs auf, wenn man sich Beethovens Lebensgeschichte in jenen Jahren vor Augen hält. In meinem „Beethoven"

---

¹) Thayer: III, 343. Seyfried, der Beethoven schon mindestens seit 1803 kannte, weiss von des Meisters „dröhnendem Gelächter" zu erzählen (vgl. Beethovens Studien im Generalbasse usw., Anhang, S. 19), ebenso Schindler (1. Aufl. S. 270.)

²) Die Aufzeichnungen Dr Bursys finden sich in dessen Tagebuch, welches sich „in den Händen der Tochter des Aufzeichners in Mitau in Kurland" befand. Sie wurden 1856 in den „Belletristischen Blättern aus Russland" abgedruckt. Vgl. Nohl: „Beethoven, Liszt, Wagner", S. 103 und 106. — Hier gebe ich die Stelle nach Thayer III, 391, 393.

(Verlag „Harmonie") habe ich auch die Veränderung der Handschrift Beethovens in jenen Jahren erwähnt (2. Aufl. S. 61).

Beachtenswert ist eine Mitteilung im Tagebuche von Fräulein Fanny del Rio, das sich gegenwärtig im Besitze der Frau Professorin Anna Pessiak-Schmerling befindet. Nohl hat Auszüge aus diesem Tagebuche veröffentlicht.[1]) Die Aufzeichnung, von der hier Gebrauch gemacht wird, bezieht sich auf das Jahr 1816. Bekanntlich wurde Beethovens Neffe eine Zeitlang im Institute Giannatasio del Rio erzogen. Beethoven kam oft dahin. Die Töchter des Hauses interessierten sich lebhaft für den berühmten Meister. Wollten sie mit ihm sprechen, so mussten sie dem tauben Manne unmittelbar ins Ohr schreien und hatten dabei Gelegenheit, seine Frisur aus der Nähe zu betrachten. Fräulein del Rio beschreibt nun Beethovens Haar als „graulich". Sie schreibt ferner davon, man glaubte, „sie wären steif und struppig, doch waren sie sehr fein, und wie er hineinfuhr, blieben sie auch stehen, was oft komisch aussah. „Einst kam er," heisst es weiter, „als er den Überrock auszog, bemerkten wir ein Loch am Ellenbogen. Er musste sich dessen erinnert haben und wollte ihn wieder anziehen, sagte aber lachend, indem er ihn vollends auszog: jetzt haben Sie's schon gesehen."

Aus Schindlers Mitteilungen, die sich auf die Jahre seit 1814 ungefähr beziehn, erfahren wir, dass Beethoven „es bis in seine letzten Lebenstage liebte, nach Umständen sorgfältig Toilette zu machen, in welcher stets harmonische Übereinstimmung zu finden gewesen. Ein Frack von feinem blauen Tuche (die bevorzugte Farbe in jener Zeit) mit metallenen Knöpfen kleidete ihn vor-

---

[1]) Vgl. L. Nohl „Eine stille Liebe zu Beethoven".

trefflich. Ein solcher, nebst einem anderen von dunkelgrünem Tuche, fehlte in seinem Schranke niemals. Zur Sommerszeit sah man ihn bei guter Witterung stets mit weissen Pantalons, Schuhen und weissen Strümpfen (Mode der Zeit). Weste und Halsbinde waren in jeder Jahreszeit weiss und zeichneten sich bei ihm selbst an Wochentagen durch musterhafte Reinlichkeit aus. Zu dieser Bekleidung hat man sich einen leichten Gang und gerade Haltung, überhaupt leichte Körperbewegungen zu denken, wie diese unserm Meister allzeit eigen gewesen, und man hat Beethovens Persönlichkeit vor Augen."[1])

Schindler betont hier offenbar viel zu sehr die eleganten Stadien in Beethovens äusserem Auftreten, um damit seinen Helden in gutes Licht zu bringen. Stünden uns keine anderen Berichte zur Verfügung, so wären wir durch Schindler gänzlich irregeführt. Wir haben im Verlauf dieser Studie schon genug davon gehört, wie wenig Beethoven gewöhnlich aufs Äussere sah, und werden noch mehr davon zu hören bekommen, z. B. durch Moscheles, der 1814 eines Tages den Meister am Morgen besuchte. Beethoven ging unangekleidet zum Fenster, um die Noten durchzusehen, die Moscheles mitgebracht hatte. Das Fenster konnte von der Bastei aus betrachtet werden, und so wurde der sehr wenig bekleidete Beethoven das Objekt der Begaffung für die liebe Strassenjugend, die sich alsbald unter dem Fenster ansammelte.[2])

Zu Schindlers viel zu allgemeinem Ausspruche lässt sich auch die folgende Äusserung des Generalmajors Alexander Kyd in Gegensatz bringen, die sich auf einen ganz bestimmten Zeitpunkt bezieht. Kyd hatte

---

[1]) Beethoven-Biographie II, S. 294.
[2]) „Aus Moscheles Leben".

Beethoven am 28. September 1816 besucht. „Er traf ihn beim Rasieren, widerwärtig aussehend, sein rötliches von der Badener Sonne gebräuntes Gesicht buntscheckig, entstellt durch Schnitte des Rasiermessers, Papiersückchen und Seife . . ." Beethoven pflegte sich selbst zu rasieren und nahm, auch wenn er eingeseift war, keinen Anstand, Besuch einzulassen. Das erzählt schon Ries in den biographischen Notizen. R i e s war von einem längeren Aufenthalte in Schlesien auf den Gütern des Fürsten Lichnowsky zurückgekehrt und eilte, Beethoven zu besuchen. „Als ich," schreibt er, „in sein Zimmer trat, wollte er sich eben rasieren und war bis an die Augen (denn so weit ging sein erschrecklich starker Bart) eingeseift. Er sprang auf, umarmte mich herzlich und siehe da, er hatte die Schaumseife von seiner linken Wange auf meine rechte so vollständig übertragen, dass er auch nichts daran zurückhielt."[1]) Dergleichen deutet nicht auf grosse Sorgfalt in äusseren Dingen.

Für die Zeit von 1816 auf 1817 steht uns die Personsbeschreibung zur Verfügung, die C a r l F r i e d r i c h H i r s c h überliefert hat. Hirsch hatte als Knabe bei Beethoven einen kurzen Unterricht im Klavierspiel genossen und teilte mir vor Jahren seine Erinnerungen mit.[2])

---

[1]) Wegeler und Ries: „Biographische Notizen", S. 116. Ries erzählt (a. a. O., S. 119) auch von Beethovens linkischem und unbeholfenem Benehmen, überhaupt „seinen ungeschickten Bewegungen fehlte alle Anmut. Er nahm selten etwas in die Hand, das nicht fiel oder zerbrach". Das Tintenfass warf er mehrmals ins Klavier, „kein Möbel war bei ihm sicher, am wenigsten ein kostbares. Wie er es so weit brachte, sich selbst rasieren zu können, bleibt schwer zu begreifen, wenn man auch die häufigen Schnitte auf seinen Wangen dabei nicht in Betracht zog. Nach dem Takte tanzen konnte er nie lernen".

[2]) Der Komponist Franz Krinninger hatte die Güte, mich damals auf die Beziehungen Hirschens zu Beethoven aufmerksam zu machen.

Die Angaben über den kräftigen Körperbau des musikalischen Titanen wurden von Hirsch bestätigt; ebenso die gesunde Röte auf dem Gesichte Beethovens. Auch machte mich Hirsch darauf aufmerksam, dass die Augenbrauen sehr dicht gewesen seien und die Stirne niedrig. (Wir werden in der Folge erfahren, wie dieser, einigermassen überraschende Ausspruch von der niedrigen Stirn zu verstehen ist.) Die Nase sei gross und breit gewesen; besonders gross die Nasenlöcher (tüchtig „bearbeitet"). Das sehr dichte buschige dunkle Haar war schon grau „meliert" und stand aufwärts aus dem Gesichte. Die Hände seien „grob und dick" gewesen, die Finger kurz, die „Adern" (Venen) am Handrücken dick, die Nägel kurz geschnitten. Auch über andere Äusserlichkeiten schrieb mir Hirsch: „Im Hause war Beethoven beim Arbeiten in einem geblümten Zeugschlafrock, ausser Hause in einem dunkelgrünen oder braunen Rock und grauen oder schwarzen Hosen zu treffen." Als Bedeckung diente dem verehrten Haupte eine Art niedrigen Zylinderhutes oder in der wärmeren Jahreszeit ein brauner oder schmutziggelber Strohhut. „Im Zimmer die grösste Unordnung, Noten, Schriften, Bücher, teils auf dem Schreibtische, teils auf dem Boden liegend."[1])

Die Angabe von der „niedrigen" Stirn muss überraschen. Sie beruht entweder auf einem Gedächtnisfehler oder ist eine Gegensatzwirkung aus Ursache der ganz richtigen Beobachtung von Hirsch, dass auf den meisten Beethovenbildnissen, namentlich auf den modernen, die Stirn zu hoch gebildet ist. Die Aussage von Hirsch kam nämlich in folgender Weise zustande. Ich zeigte ihm meine damals noch kleine Sammlung von Beethovenbild-

---

[1]) Vgl. Frimmel „Neue Beethoveniana" S. 162 f. Auch 1825 wird ein Strohhut notiert. S. H. Volkmann „Neues über Beethoven" S. 35.

nissen, in der übrigens alle wichtigen Typen durch Abbildungen vertreten waren, und fragte ihn bei jedem Porträt, wie es mit seiner Erinnerung an Beethovens Züge übereinstimme. Einige Bildnisse, von denen wir noch sprechen müssen, das Schimonsche und das von Jos. Daniel Böhm, fand er getroffen. Eine Photographie nach dem Böhmschen Medaillon schien ihm dagegen in manchen Partien misslungen.[1]) Von den neueren Bildnissen hatten jene seinen Beifall, welche sich mehr oder weniger an den Schimonschen oder Waldmüllerschen Typus anschlossen. Meist aber betonte er, dass die Stirn viel zu hoch wäre. In dem Bestreben, mir dies recht deutlich auszudrücken, mag Hirsch dann wohl den Ausdruck „niedrig" für die Stirn gebraucht haben. Eine eigentlich niedrige Stirne hatte Beethoven nicht. Betrachten wir den Abstand von der Nasenwurzel bis zur Haargrenze, also das, was gewöhnlich Stirne heisst, an der Maske, so finden wir, dass dieser Abstand länger ist als der Nasenrücken, wodurch die Berechtigung der Bezeichnung „niedrig" sofort erlischt. Von einer auffallend hohen Stirn aber darf man bei Beethoven wohl ebensowenig reden. Das Charakteristikon liegt hier nicht in der besonderen Höhe, sondern in der auffallenden Vorwölbung der mittleren Partie bis seitlich zu den Stirnhöckern und in der aussergewöhnlichen Breite.

Auf eine Zeit, um etwas mehr als ein Jahr später als die Schilderung von Hirsch, kann die des Malers Klöber[2]) bezogen werden, der Beethoven im Jahre 1818

---

[1]) Ich entsinne mich nicht mehr in welchen. Das Medaillon selbst lobte er unverhohlen.

[2]) August v. Klöber ist 1793 geboren und 1864 gestorben. Über ihn vgl. Naglers und Seuberts Künstlerlexika, die dort angeführte Literatur, sowie die Kataloge der Berliner Nationalgalerie die „Vossische Zeitung" vom 24. Februar 1889, die Hamburger Signale Hugo Pohles von 1892 (No. 10) Lucas v. Führich: „Josef

zu Mödling öfters gesehen und genau beobachtet hat. Möglicherweise hat er den Komponisten auch schon 1817 kennen gelernt.[1])

„Beethoven sah stets sehr ernst aus, seine äusserst lebendigen Augen schwärmten meist mit einem etwas finsteren gedrückten Blick nach oben . . . Seine Lippen waren geschlossen, doch war der Zug um den Mund nicht unfreundlich . . . Seine Kleidung bestand in einem lichtblauen Frack mit gelben Knöpfen, weisser Weste und Halsbinde, wie man sich damals trug, doch war alles bei ihm sehr negligiert." Auch spricht Klöber von einem breitkrämpigen grauen Filzhute, den Beethoven damals getragen haben soll.[2]) „Seine Gesichtsfarbe war gesund und derb, die Haut etwas pockennarbig; sein Haar hatte die Farbe blau angelaufnen Stahles, da es bereits aus dem Schwarz ins Grau überging. Sein Auge war blaugrau und höchst lebendig. Wenn sein Haar sich im Sturme bewegte, so hatte er wirklich etwas Ossianisch-Dämonisches. Im freundlichen Gespräch nahm er dagegen einen gutmütigen und milden Ausdruck an, besonders wenn

---

v. Führichs Briefe aus Italien" (1883) S. 120 f. Wiener „Fremdenblatt" 13. Aug. 1892, Zeitschrift für bildende Kunst N. F. IV. Heft I, Ad. Rosenberg: Berliner Malerschule, Fr. Reber: Geschichte der neueren deutschen Kunst, Boetticher „Malerwerke des 19. Jahrhunderts". In dem Buche von E. Förster „Aus der Jugendzeit" S. 228 wird Klöber als ein Künstler von „beschränktem Gesichtskreis" bezeichnet.

[1]) Nach Klöbers Unterschrift und Datierung auf der Lithographie wäre 1817 anzunehmen. Da übrigens von Mödling die Rede ist und Beethoven 1817 nicht in Mödling wohnte, sondern erst 1818, ists wohl gerechtfertigt die Jahreszahl als verschrieben anzunehmen. Die Originalzeichnung ist n i c h t d a t i e r t.

[2]) Vgl. „Allgemeine musikalische Zeitung" 1864, S. 324 f. „Miscellen" und „Monatshefte für Musikgeschichte" 1903. Von Beethovens auffallendem Äussern in jenen Jahren berichtet mein Essai „Beethoven in Mödling" in „Neue Beethoveniana."

ihn das Gespräch angenehm berührte. Jede Stimmung seiner Seele drückte sich augenblicklich in seinen Zügen gewaltsam aus."

Die angeführte Schilderung dient uns dazu, den Eindruck zu beleben, den wir von dem Bildniskopfe erhalten, den Klöber gezeichnet hat. Dieser Kopf scheint die Vorstudie für ein grosses Gemälde gewesen zu sein, auf dem Klöber Beethoven und seinen Neffen (im Vordergrund einer Landschaft aus der Brühl bei Mödling) dargestellt) hat. Dieses Bild wurde als Gemälde schon 1818 in ziemlich bestimmten Ausdrücken erwähnt in der „Wiener Zeitschrift für Kunst, Literatur und Mode" von 1818, S. 1134 ist jedoch seither nirgends gesehen worden. Vermutlich ist es verkommen. Eine Zeitlang war es bei einem schlesischen Gutsbesitzer Skrbenski. Sein ehemaliges Vorhandensein lässt sich aber dennoch nicht mit einigen Phrasen so von oben her beseitigen, wie das 1889 versucht wurde. Deshalb darf man auch nicht die Zeichnung nach Beethovens Kopf, die wir Klöber verdanken, ohne weiteres ein Gemälde nennen. Ich hoffe, dass die folgende Vermutung durch die Klemme helfen wird: Klöber dürfte den Plan für sein Gemälde schon 1817 gefasst und Beethovens Kopf als Studie gezeichnet haben. Danach wurde 1818 an dem Gemälde in Mödling weiter gearbeitet. Da zwei Personen und überdies eine bestimmte Landschaft darauf zu malen waren, mochte sich die Sache in die Länge ziehen. Beethoven, der Neffe, mussten nach der Hauptstadt zurück. Klöber verliess Wien, ohne das Bild ganz fertig zu bekommen.

Die alte Notiz aus dem Jahre 1818 spricht zwar davon, das Bild sei vollendet worden, doch lasse ich das bei der geringen Neigung Beethovens zu Sitzungen dahingestellt sein. In Mödling ist es wohl gewiss nicht bis zum letzten Strich ausgemalt worden, auch dann nicht, wenn man den Bericht wörtlich auf Treu und Glauben annimmt. Da diese Quelle noch nirgends vollständig mitgeteilt worden, setze ich die ganze Notiz hierher. Danach gläubig urteilend, hätte Klöber das Ölgemälde in W i e n fertiggemacht. Die überschwänglich gehaltene Notiz, die nebstbei bemerkt von Hofrat Heun verfasst ist, lautet nun folgendermassen: „Wien. Hr. Klöber aus Breslau hat in der letzten Zeit das Bildnis unseres grossen Meisters der Töne L u d w i g v a n B e e t h ov e n in Öhl vollendet. Nicht bloss dessen äussere Umrisse und Züge wusste dieser ausgezeichnete Künstler treu aufzufassen und darzustellen, sondern er brachte zugleich auch die höhere Ähnlichkeit, die geistige Physiognomie des genialen Mannes wahr und glücklich zur Anschauung. In der Nähe des schön gelegenen M ö d l i n g s, wo Beethoven seinen diesjährigen Sommeraufenthalt gewählt hatte, in der freyen Natur von den Bergen der herrlichen B r ü h l umgeben in dem höchsten Augenblicke künstlerischer Thätigkeit, im Produzieren erscheint hier der gewaltige Meister, den Blick voll heiligen Ernstes zu jenen Regionen erhoben, von wannen er die himmlischen Zaubertöne hernieder lockt zur Wonne der erstaunten Hörer. D i e L i n k e h ä l t e i n N o t e n b u c h, d i e R e c h t e hat fest und kräftig d e n G r i f f e l g e f a s s t, die Eingebungen des Genius für die Ewigkeit hinzuzeichnen; der Wind spielt in den n a c h l ä s s i g e n L o c k e n d e s u n b e d e c k t e n H a u p t e s; seitwärts unter einem Baume lagert ein K n a b e, B e e t h o v e n s N e f f e, dessen H u t neben sich. — Uns scheint diese Abbildung nach der Idee und Behandlung, die glücklichste und bezeichnendste von allen, die wir bisher zu sehen Gelegenheit hatten, und wir freuen uns, die Freunde und Verehrer der Beethovenschen Muse zur Anschauung desselben einladen zu dürfen. Hr. K l ö b e r der soeben auch das Bildnis des Verfassers der Sappho,

Herrn Grillparzer, beendigt, wohnt auf der Wieden im Freyhause Hof 5, Stiege 24 im ersten Stock."[1])

Weiteres über die Angelegenheit, über die Einführung Klöbers bei Beethoven in Mödling und über die Beobachtungen des Malers wird uns mitgeteilt in einem Briefe Klöbers an Fr. W. Jähns aus dem Jahre 1863. Der Brief ist nahezu wörtlich abgedruckt in der Allgem. musikal. Zeitung von 1864 (S. 324 f.) und wurde neuerlich benutzt von Kalischer in der Vossischen Zeitung vom 24. Februar 1889. Beethoven scheint in Mödling mehrere Sitzungen gewährt zu haben. „Jeden Morgen sass er mir ein kleines Stündchen" (schreibt Klöber). Gelegentlich liess er während Klöbers Besuch den Neffen auf dem Klavier üben. So kam also das Bild, oder dessen Untermalung zustande. Wie Klöber selbst an Jähns schreibt, war es von Baron Skrbensky bestellt worden. Es war, wie schon angedeutet wurde, bisher nicht wieder aufzufinden.

Als wichtige Erinnerung an die Angelegenheit ist uns eine Kreidezeichnung geblieben, Beethovens Kopf darstellend. Klöbers Witwe hat sie aufbewahrt, und von ihr ist das Blatt 1886 an die Firma C. F. Peters nach Leipzig gelangt, wo es sich noch heute befindet. Nach diesem Original, dessen Herkunft nicht anzufechten

---

[1]) Im Exemplar dieser Zeitschrift, das die Wiener Stadtbibliothek besitzt, ist Hofr(at) Heun handschriftlich als Autor der Notiz genannt.

[2]) Ein zweites Exemplar, möglicherweise von Klöbers Hand gelangte vor einiger Zeit auf eine merkwürdige Weise in den Besitz Dr. Erich Priegers. Ich halte mich mit meinen Erörterungen an die Zeichnung bei Peters, die sicherer beglaubigt ist. Das Priegersche Exemplar ist nachgebildet bei Werckmeister: „Das neunzehnte Jahrhundert in Bildnissen". Der kurze Text zu Klöbers Zeichnung in dem eben erwähnten Bildniswerke entspricht nicht ganz meinem Manuskript, das denn doch ein kleines Bedenken nicht unterdrücken konnte.

ist, wurde unsere A b b i l d u n g hergestellt. Durch
den Beethovenkopf in der Edition Peters, durch eine

Beethovenbildnis von August v. Klöber.

alte gute grosse Lithographie von Th. Neu aus dem
Jahre 1841, den Steindruck von C. Fischer aus 1843 und
deren weitere oftmalige Nachbildungen ist der Klöbersche

Beethoventypus[1]) ungeheuer verbreitet. Er bestimmt bei den meisten Musikern die Vorstellung, die sie sich von Beethovens Antlitz machen.[2]) Nun lässt sich's aber unschwer nachweisen, dass der Klöbersche Beethovenkopf ein v e r f e h l t e s B i l d n i s ist, und alles unvorsichtige Hinaufschrauben verliert bei gerechter Kritik seine Macht. Die bildenden Künstler, ich hoffe dazu die Anregung im Buche „Neue Beethoveniana" gegeben zu haben, sind nun längst dahintergekommen, dass Klöbers Beethoventypus nichts taugt. Mit wenig Ausnahmen greifen sie nach der Maske von 1812, wenn sie einen Beethovenkopf zeichnen, malen, modellieren, radieren wollen. So haben es Zumbusch, Knoll, Klinger, Stuck, Dake, Michalek, Flossmann, Uetz, Fix Masseau und noch andere gemacht. Der beste Anhaltspunkt für die Vorstellung von Beethovens Gesicht in seiner besten Zeit ist ja doch

---

[1]) Eine grosse Anzahl von modernen Beethoven-Bildnissen schliesst sich an den Typus des Klöberschen Beethoven an. Ein kleiner Lichtdruck nach der Folio-Lithographie von Neu ist der Nohlschen Publikation: „Beethovens Brevier" als Titelblatt vorangestellt. Es gibt auch einen Lichtdruck davon in etwas grösserem Format. — Den Klöberschen Typus vertritt u. a. ein kleines Blatt von F. Hecht (bezeichnet links: „Lith. F. Hecht", rechts „Druck v. J. Hesse") und eine Lithographie von C. Fischer (bezeichnet N. d. Natur gez. v. Prof. v. Klöber in Mödling bei Wien, „Auf Stein, gez. v. C. Fischer 184?, Druck b. Gebr. Delius") kl. Fol. Klöbers Beethoven kommt auch auf dem K. Klauserschen Tableau vor. Radierungen von Herm. Dröhmer und Rud. Schuster werden bei Bötticher (Malerwerke des 19. Jahrhunderts) genannt.

[2]) Auf manchen modernen Bildern kommt Kleins Maske dargestellt vor, z. B. auf dem mehrfigurigen Gemälde von Balestrieri: Beethoven, das wiederholt abgebildet ist u. a. in „Neue Musikzeitung" Stuttgart 13. Juni 1905. Bourdelle hat leider die Totenmaske mit Kleins Maske von 1812 verwechselt. R. M. Eichler benützte einmal (vgl. „Die Jugend" No. 49, 1898) den Klöberschen Beethovenkopf, dann wieder mehr die Maske von Klein (vgl. „Die Jugend" 1899, No. 1). — Auf Grundlage des Schattenrisses ist eine Zeichnung des Malers Joh. Straub entworfen.

die Maske von 1812. Sie wird uns auch den Prüfstein abgeben, um den Bildniswert des Klöberschen Kopfes zu ermitteln. Wir stellen Maske und Zeichnung einander gegenüber.

Die Maske ist so aufgenommen worden, dass sie dieselbe Wendung und Beleuchtung erhalten hat, wie Klöbers Beethovenkopf, dessen Umrisse zur bequemeren Vergleichung daneben wiederholt werden. Da kommt nun so mancher bedenkliche Fehler in Klöbers Arbeit

Maske von 1812
(Haltung und Beleuchtung, wie im Bildnis von Klöber).

Die Umrisse der Maske und des Klöberschen Bildnisses aufeinander gezeichnet.

zum Vorschein. Zugegeben, dass der Beethovenkopf gegen 1818 nicht mehr genau derselbe war, wie der von 1812, so steht doch fest, dass sich der Schädel Beethovens in jenen Jahren nicht so verändert hat, um die ungeheuren Abweichungen der Klöberschen Zeichnung von der Maske auch nur im mindesten begründen zu können.

Bei Klöber sitzen die Ausbiegungen des Jochbeins und die Augen viel zu hoch über dem Munde und der unteren Nasengrenze. Die Stirn ist an und für sich zu hoch, in ihrer Begrenzung gegen links vollständig verfehlt und überdies rechts so modelliert, dass sie in dieser Hälfte viel flacher sein müsste, als es der Kontur in der anderen Hälfte verlangt. Die Nase und die Nasenwurzel ist etwas zu hoch, aber gut modelliert. Dagegen sind die Bildung des Mundes, die Asymmetrie des Kinns, die kurzen aufsteigenden Falten zu unterst an der Stirn, unmittelbar über der Nasenwurzel zweifellos getroffen. A m meisten stören die Mängel, dass Nase und Stirn zu hoch sind. Dies stellt sich als besonders auffallend heraus, wenn man die Höhe der unteren Gesichtshälfte bis zum unteren Ende der Nase mit der komplementären oberen Hälfte in beiden Abbildern vergleicht. In der oberen Hälfte des Klöberschen Kopfes verdoppelt sich durch die übertriebene Ausdehnung sowohl der Nase als auch der Stirne der Fehler der allzugrossen vertikalen Abmessung.[1]) Die zwei oberen Dritteile des Antlitzes beeinflussen nun den Gesamteindruck so sehr, dass ich mit einer Anerkennung des Klöberschen Beethovenbildnisses stark zurückhalten und es für verfehlt erklären muss.

Bezüglich seiner Wertschätzung, soweit es sich um die Ähnlichkeit handelt, möge noch eine ältere Stimme vernommen werden. Anton S c h i n d l e r , der Beethoven seit 1814 kannte und durch Jahre hindurch Gelegenheit hatte, des Meisters Züge sich einzuprägen, sagt von dem

---

[1]) Wem die Maske und eine Nachbildung des Klöberschen Blattes zu gleicher Zeit zur Verfügung stehen, der bringt sich auf empirischem Wege das Missverhältnis von Stirn und Nase auf dem Klöberschen Bilde leicht zum Bewusstsein, indem er in der, diesem Bilde entsprechenden, Stellung die Maske befestigt und nun das Blatt in gleicher Höhe daneben hält und das in jener Entfernung, in welcher die untere Gesichtshälfte auf beiden genau in gleicher Grösse erscheint. Nun vergleiche man. Die Stirne der Maske erscheint dann niedriger, die Nase kürzer als die entsprechenden Teile auf dem Klöberschen Bilde.

Bilde: „In der Klöberschen Zeichnung ist nicht einmal der Kontur richtig, viel weniger erkennt man aus den groben Zügen eine Spur von geistigem Inhalte. Das ist das Antlitz eines ehrlichen Bierbrauers, aber keines Künstlers, sollte es auch eben kein Beethoven sein. Unter den s c h l e c h t e n Abbildungen von unserem Meister muss diese als die g e m e i n s t e bezeichnet werden. Im nördlichen, wohl auch im westlichen Deutschland ist diese die verbreitetste." Schindler ist hier zwar zu beachten, muss aber doch als Parteimann gelten, da er Besitzer eines anderen, wie ich glaube, besser getroffenen Beethovenbildnisses war. Seine Voreingenommenheit für dieses macht ihn nun wahrscheinlich ungerecht. Er schiesst wohl ein wenig über das Ziel hinaus. Denn Beethoven selbst hat sich über die Frisur (nur die Frisur) auf dem Klöberschen Bilde freundlich geäussert, wenn wir anders den Mitteilungen Klöbers, aus denen wir oben schon einige Stellen benützt haben, Glauben schenken wollen: „Als Beethoven mein Bild sah," lesen wir als Mitteilung von Klöber, „bemerkte er, dass ihm die Auffassung der Haare auf diese Weise sehr gefalle, die anderen Maler hätten sie bis jetzt immer so geschniegelt wiedergegeben, so wie er vor den Hofchargen erscheinen müsse, und so wäre er gar nicht." Freilich ist damit für die Ähnlichkeit noch nichts gewonnen, und wir sehen uns doch wieder auf das Vergleichen mit der Maske angewiesen, das wir schon durchgeführt haben. Der Blick Beethovens mag von Klöber gut aufgefasst sein; wenigstens glotzt aus seinem Gemälde uns nicht jener geistlose Blick entgegen, der auf den Mählerschen Bildern von 1814 so niederschlagend wirkt. Jedenfalls hatte Klöber Gelegenheit gehabt, Beethoven genau zu beobachten.

Auf welchen Maler mag sich das undatierte Blättchen beziehen, das Beethoven an Freund Zmeskall von

Domanovetz gerichtet hat und das anbei nach einer Abschrift wiedergegeben wird?[1])

„Ich kann weder für das Glück (wenn der M a l e r es dafür hält), dass er mich gezeichnet oder für das Unglück, dass er mich v e r z e i c h n e t — da ihm aber so viel an m e i n e m G e s i c h t, welches wirklich nicht so viel bedeutet, gelegen, so will ich ihm in Gottes Namen sitzen, obschon ich das Sitzen für eine Art von Busse halte — nun so sei's doch — da ihnen aber so viel daran gelegen, das begreif ich kaum, will's auch nicht begreifen — o Gott, was ist man geplagt, wenn man ein so fatales Gesicht hat wie ich. Vale domanart.[2]) Beethoven." Solange der Besitzer des Autographs nicht das Original vorweist, wird eine bestimmte Datierung dieser Zeilen kaum möglich sein, und ich begnüge mich mit dem Abdruck des Briefchens an einer Stelle, wohin das kleine Dokument wenigstens gehören könnte.

Ob nun auf Klöber bezüglich oder nicht — ich meine, es ist jetzt nicht zu ermitteln, von wem diese Zeilen handeln —, bleiben wir im übrigen bei den Beobachtungen, die dieser Maler festgehalten und in dem schon erwähnten Brief an Jähns mitgeteilt hat. „Bei meinen Spaziergängen in Mödling," schreibt Klöber, „begegnete mir Beethoven mehrere Male und es war höchst interessant, wie er, ein Notenblatt und einen Stummel von Bleistift in der Hand, öfters wie lauschend stehen blieb, auf und niedersah und dann auf das Blatt Noten verzeichnete. D . . . hatte mir gesagt, dass, wenn ich ihm so begegnen würde, ich ihn nie anreden oder bemerken sollte, weil er dann verlegen oder gar unangenehm würde. Das einemal, als ich gerade eine Waldpartie aufnahm,

---

[1]) Das Original ist mir niemals zu Gesicht gekommen. Die Abschrift wurde mir 1892 oder später gesendet. Ich habe sie in der „Neuen Musikzeitung" (Stuttgart 1895, XVI No. 3) veröffentlicht.

[2]) „Domanart" ist jedenfalls verlesen u. z. für Domanovecz.

sah ich ihn mir gegenüber eine Anhöhe aus dem Hohlwege, der uns trennte, hinaufklettern, den grosskrempigen grauen Filzhut unter den Arm gedrückt. Oben angelangt, warf er sich unter einen Kiefernbaum lang hin und schaute lange in den Himmel hinein."

In Mödlinger Überlieferungen, die sich auf eine nur wenig spätere Zeit beziehen, ist von des Meisters verwildertem Aussehen die Rede. Die wirren Locken werden erwähnt, zum Teil bedeckt von einem weissen Zylinderhut. Die ganz auffallende äussere Erscheinung soll auch wiederholt die Aufmerksamkeit der lieben Schuljugend auf sich gezogen haben.[1])

Vermutlich der Zeit von 1818 auf 1819 gehört das Beethovenbildnis von Ferdinand Schimon an. 1819 auf 1820 dürfte das Stielersche entstanden sein. Wir werden beide noch eingehend studieren. Vorher sei noch eine Personsbeschreibung mitgeteilt, die uns aus jener Zeit erhalten ist.

Am 17. Januar 1819 gab die juridische Fakultät in Wien eine Akademie zum Besten ihrer Witwen und Waisen. Beethovens A-dur-Symphonie wurde aufgeführt. Beethoven dirigierte sie selbst. Bei jener Akademie war auch der schwedische Dichter Atterbom zugegen, der sich über Beethovens Äusseres, seine Art zu dirigieren und anderes Notizen gemacht hat. Atterbom schreibt: „Beethoven habe ich auch bei einem Privatkonzert gesehen. Der Mann ist kurz gewachsen, aber stark gebaut, hat tiefsinnige melancholische Augen, eine hohe gewaltige Stirn und ein Antlitz, in dem sich keine Spur von Lebensfreude mehr lesen lässt ... Er dirigierte selbst das Konzert, bei dem ich ihn sah ..." Atterbom teilt dann auch mit, dass Beethoven das Pianissimo damit andeutete, „dass er leise niederkniete und die Arme gegen

---

[1]) Vgl. S. 186f. meines Buches „Neue Beethoveniana".

den Fussboden streckte, beim Fortissimo schnellte er wie ein losgelassener elastischer Bogen in die Höhe, schien über seine Länge hinauszuwachsen und schlug die Arme weit auseinander; zwischen diesen beiden Extremen hielt er sich beständig in einer auf und niederschwebenden Stellung."[1]) Hier sei nebstbei daran erinnert, dass auch Seyfried und Schindler ähnliche Andeutungen über Beethovens Bewegungen machen.[2])

Nun zu den beiden Bildnissen, auf die oben angespielt wurde. Es sind die Gemälde von **Schimon** und von **Stieler**. Die Gesichtstypen, welche sie uns darbieten, beeinflussen vielfach die Vorstellung, die wir uns von Beethovens Antlitz zu machen pflegen. Nicht ganz ohne Recht, wie es scheint, wenigstens soweit es die Züge des Komponisten betrifft, der sich nunmehr schon dem Fünfziger nähert.

Das von **Ferdinand Schimon** gemalte Brustbild war in den Besitz Schindlers gelangt und dann schon für die erste Auflage der Beethovenbiographie des genannten von **Eduard Eichens** gestochen worden.[3])

---

[1]) Hier nach L. Nohls „Beethoven nach den Schilderungen seiner Zeitgenossen", S. 131.

[2]) Seyfried in „Beethovens Studien im Generalbass" Anhang S. 17. Schindler a. a. O. Vgl. auch meinen „Beethoven" im Verlag „Harmonie" (2. Auflage S. 96).

[3]) Über **Ferdinand Schimon** (geb. 1797, gest. 1852) vgl. Wurzbachs Biographisches Lexikon. Schimon war auch Musiker. Er kam 1821 als Tenorist ans Hoftheater nach München. Die Angabe in Böckh's „Merkwürdigkeiten von Wien", 1823, bezieht sich offenbar auf die Zeit unmittelbar vor Schimons Abgang nach München. Es heisst bei Böckh: „Schimon Ferdinand, Porträtmaler. Auf der Windmühl in der Rosengasse No. 62." Schimon hat auch C. M. v. Webers Bildnis gemalt. Vgl. M. v. Webers „Biographie von C. M. v. W." II, 603. Über Schimon vgl. auch die Musiklexika von Mendel und von Riemann, auch Bötticher: Malerwerke des 19. Jahrhunderts II, 557. Der Gesangslehrer, Pianist und Tondichter Adolf Schimon ist ein Sohn Ferdinands. — Über **Eduard**

Die Heliogravüre, die wir als Titelbild[1]) vorangestellt haben, und die nebenstehende Abbildung des Kopfes gehen auf das Originalgemälde zurück.

Wir haben uns den Meister mit dunkelblauem Rock und mit weisser Binde vorzustellen. Das Haar zeigt schon einen deutlichen grauen Schimmer. (Den Hintergrund bildet Himmel, der nach unten zu bewölkt ist.) In Paris erregte das Bild Aufsehen. Von der Szene, die sich vor dem Schimonschen Gemälde zu Paris im Winter 1840 abgespielt hat, berichtet Schindler (vgl. „Beethoven in Paris", S. 21 ff.). Die Orchestermitglieder der Konzerte im Conservatoir trieben geradewegs Abgötterei mit dem Bilde. „Chapeaux bas!" „Ein Teil der Menge fiel auf die Knie . . ." Man liess gleich darauf eine „Lithographie im grossen Massstabe" nach dem Gemälde herstellen. Mit dem übrigen auf Beethoven bezüglichen Besitze Schindlers ist auch das Beethovenporträt nachträglich nach Berlin in die königliche musikalische Bibliothek endlich mit einigen Stücken aus Schindlers Nachlass ins Beethovenhaus nach Bonn gelangt.[2])

Eichens (geb. 1804, gest. 1877) vgl. Seuberts Künstlerlexikon, Andresen und Wessely „Handbuch für Kupferstichsammler" (auch den Anhang), Hellers „Praktisches Handbuch", besonders aber Naumanns Archiv 1870 S. 138 ff. (No. 110). Siehe auch „Kunstblatt" von 1838, Korrespondenz aus München vom 20. August.

[1]) Sie ist dem Buche „Verein Beethovenhaus in Bonn" „Bericht über die ersten fünfzehn Jahre seines Bestehens" (Bonn 1904) entnommen, wie schon im Vorwort angedeutet wurde.

[2]) Ich habe es in Berlin schon im Jahre 1881 gesehen. 1892 war es in Wien ausgestellt. Über die früheren Schicksale des Bildes gab mir Herr Bibliothekar Dr. Kopfermann gütigst briefliche Auskunft (13. Okt. 1881), ebenso über die Dimensionen: 0,615×0,485. (Ovales Feld auf rechteckiger Fläche. Leinwand.) Schindler berichtet auch von einer Kopie des Bildes, die er besessen hat. Vgl. über dieses Bild auch Alfr. Chr. Kalischer in der Vossischen Zeitung vom 19. Mai 1889. Weiteres darüber in dem erw. Buche „Das Beethovenhaus". — Von dem Eichensschen Stiche existieren

Es ist klar, dass wir uns über die Zeit und Umstände der Entstehung des Bildes bei Schindler Rates erholen müssen; dass wir aber die Beurteilung der Ähnlichkeit

Beethovens Kopf. Ausschnitt aus dem Bildnis von F. Schimon.

nicht auf Grundlage von Schindlers Voreingenommenheit, sondern auf Grundlage einer Vergleichung mit der

auch Abdrücke, die nicht für Schindlers Buch beschnitten worden sind. Diese tragen nahe dem unteren Plattenrande die Adresse: „Verlag der Aschendorffschen Buchhandlung in Münster". Auf

Maske vornehmen werden, ist nicht minder zu erwarten. Von der Entstehung des Schimonschen Bildes sagt Schindler, dass es aus der Herbstzeit 1819 stammt, was ich einstweilen als ungefähr richtig annehme, ohne meine Zweifel ganz zu verschweigen. Darauf berichtet er (II, 288 f.):

„Auf meine Fürsprache erhielt der noch sehr junge Maler die Erlaubnis, seine Staffelei neben des Meisters Arbeitszimmer aufstellen zu dürfen und da nach Belieben zu schalten. **Eine Sitzung hatte Beethoven standhaft verweigert**; denn eben im vollsten Zuge mit der Missa solemnis, erklärte er, keine Stunde Zeit entbehren zu können. Schimon aber war ihm bereits auf Weg und Steg nachgeschlichen und hatte schon mehrere Studien zum Behufe seiner Arbeit in der Mappe, war daher mit der so lautenden Erlaubnis ganz zufrieden. Als das Bild bis auf ein Wesentliches, den Blick des Auges, fertig war, schien guter Rat teuer, wie dieses Allerschwierigste zu erreichen. Denn das Augenspiel in diesem Kopfe war von wunderbarer Art und offenbarte eine Skala vom wilden, trotzigen bis zum sanften, liebevollsten Ausdrucke, gleich der Skala seiner Gemütsstimmungen; für den Maler also die gefährlichste Klippe. Da kam der Meister selber entgegen. Das derbe naturwüchsige Wesen des jungen Akademikers, sein ungeniertes Benehmen wie auf dem Atelier, sein

---

Schimons Beethoven-Bildnis gehen folgende Blätter zurück: Ein Stich von R. Reyher, eine Lithographie von P. Rohrbach (diese ist auch photographiert), eine Lithographie von E. Desmaison (1855), ferner ein Holzschnitt in Reissmanns „Illustrierter Geschichte der deutschen Musik", S. 408; eine Lithographie von Dr. A. F. Kunike in Wien, eine Lithographie von Marastoni und die Abbildung in Bruckmanns grossem Porträtwerke. Die Brehmersche Beethovenmedaille von 1870 und C. Gonzenbachs Stich schliessen sich hauptsächlich an den Schimonschen Typus an. Schimons Bild ist auch auf dem Klauserschen Tableau zu finden.

Kommen ohne ‚guten Tag' und Gehen ohne ‚Adieu' hatten Beethovens Aufmerksamkeit mehr rege gemacht, als das auf der Staffelei Stehende; kurz, der junge Mann fing an, ihn zu interessieren: er lud ihn zum Kaffee ein. Diese Sitzung am Kaffeetisch benutzte Schimon zur Ausarbeitung des Auges. Bei wiederholter Einladung zu einer Tasse Kaffee zu sechzig Bohnen war dem Maler Gelegenheit gegeben, seine Arbeit zu vollenden, mit welcher Beethoven ganz zufrieden gewesen."

Schindler gesteht hierauf ein, dass Schimons Gemälde — wir wollen das unterschreiben — keinen bedeutenden Kunstwert beanspruchen dürfe. Dagegen hebt er die „charakteristische Wahrheit" hervor. „Im Wiedergeben des so eigentümlichen Blickes, der majestätischen Stirne, dieser Behausung mächtiger, erhabener Ideen, des Kolorits, im Zeichnen des festgeschlossenen Mundes und des muschelartig gestalteten Kinns, hat kein anderes Bildnis[1]) Naturwahreres geleistet. Nahe Verwandtschaft mit dem Kupferstich aus dem Jahre 1814 ist im ganzen unverkennbar."

Bezüglich des Stiches von Eichens deutet Schindler in einem weiteren Abschnitte an, dass er zwar als eine gute Arbeit anerkannt, übrigens doch nicht ganz ohne Mängel sei. Vergleichen wir nun das Bild und den Stich mit der Maske von 1812, die wir einstweilen noch zu diesem Zwecke heranziehen können, so muss i m S t i c h mehr, im G e m ä l d e weniger der Kontur der rechten Wange unbedingt zu voll erscheinen, die Stirne

---

[1]) Ich muss hier bemerken, dass Schindler nur wenige Ölgemälde kannte (II, S. 287), die Beethoven vorstellen, oder dass er wenigstens nicht mehr kennen wollte. Er lässt nur das von Schimon, Stieler und das von Waldmüller gelten und erwähnt mittelbar das erste Mählersche. Auf die Maske und ihre Bedeutung achtete er nicht. Die Kleinsche Büste scheint er gar nicht gesehen zu haben.

ein wenig zu hoch, die Nase zu lang. Besonders im Stich ist die Nase stark verfehlt. Die aufsteigenden Furchen über der Nasenwurzel, zwischen den Brauen sind beachtet, auch die allgemeine Form des Kinns, wenngleich die schon oft erwähnte Querfurche vernachlässigt ist. Der Gesamteindruck des Kopfes nähert sich mehr dem der Maske, als es bei dem Klöberschen Kopfe der Fall war. Der Mängel im einzelnen gibt es aber auch hier genug, um uns ein uneingeschränktes Lob zu verbieten. Aber zu loben und hervorzuheben ist es doch gewiss. **Es ist wohl das am meisten brauchbare unter den gemalten Beethovenbildnissen.**

Meine Zweifel an der Richtigkeit der Datierung des Schimonschen Beethovenbildnisses gründen sich darauf, dass man dafür Anhaltspunkte hat, dieses Porträt um vielleicht mehr als ein Jahr früher anzusetzen als das Stielersche. Dieses ist (wir werden das sehen) gegen Ende 1819 oder zu Anfang 1820 entstanden. Schindler erinnert sich nämlich, dass der Meister in der Zwischenzeit zwischen der Entstehung beider Bildnisse etwas gealtert hat. „Das von . . . Stieler einige Jahre nach dem Schimonschen gemalte Porträt Beethovens . . . zeigt nicht mehr die kräftige, lebensfrische Gestalt, wie jenes von Herrn Schimon. Mehr als zweijähriges vorausgegangenes Kränkeln und Unwohlsein war die Ursache davon."[1]

Schindler scheint allerdings die Zwischenzeit zu überschätzen; doch notierte 1820 ein Bekannter Beethovens (wohl Schindler) in einem Konversationshefte.[2] dass er bei Stieler gewesen sei, als dieser an dem Bild-

---

[1] Erste Auflage S. 271. —

[2] In bezug auf die Konversationshefte wiederhole ich die schon vor Jahren geäusserte Meinung, sie mögen einmal in Gesamtheit herausgegeben werden. Das Herausgreifen einzelner Äusserungen hat immer sein Bedenkliches. Ich mache es übrigens

nisse Beethovens malte und dass er das Stielersche minder gut finde als das Schimonsche. Der Bekannte fügt hinzu: „Sie waren v o r z w e i J a h r e n sehr gesund und jetzt kränkeln Sie stets." Wenn man annimmt, dass der Schreiber jener Notiz in der ersten Hälfte ja zu Anfang von 1820 dem Sprachgebrauche nach von einem Ereignis, das gegen Ende 1818 vorgefallen war, sagen konnte, es sei „vor zwei Jahren" gewesen, so dürfen wir das S c h i - m o n s c h e Bild ungescheut ans E n d e d e s J a h r e s 1 8 1 8 versetzen. 1819 aber ist doch wohl nicht die richtige Jahresangabe.

Wir wenden uns nun dem S t i e l e r schen Gemälde zu. Musste Schimon als eine Künsterlindividualität von untergeordnetem Range gelten, so kam Stielers[1])

---

nur so, wie bisher alle anderen. Das meiste und genaueste Wissen um die Konversationshefte besass A. W. Thayer. Auf seine Mitteilungen geht das oben gebotene zumeist zurück. Einige Anführungen wurden von mir selbst ausgezogen.

[1]) Zu J o s e f S t i e l e r (geb. 1781, gest. 1858) vgl. neben den Lexika von Nagler, Seubert, K. v. Wurzbach auch Gewinner: Kunst und Künstler in Frankfurt a. M. und aus neuerer Zeit Bert. Riehl in der Zeitschrift „Das Bayerland" VIII (1897) S. 114. Stieler kam 1812 nach München, 1816 nach Wien und kehrte 1820 nach München zurück. Viele seiner Werke sind in der Neuen Pinakothek in München zu sehen, worüber zahlreiche Kataloge Aufschluss geben. Dort auch Stielers Goethebildnis (hierzu Herm. Rollett „Die Goethebildnisse" S. 251 ff. und die dazu angeführte Literatur, ferner Goethejahrbuch VIII, 132—142 u. XII, S. 118ff., „Die graphischen Künste" IX. Bd. Eckermanns Gespräche mit Goethe, Strehlke: Goethes Briefe II, S. 302ff.). In zahlreichen Sammlungen befinden sich Bildnisse von Stielers Hand, beim Prince d'Aremberg in Brüssel (vgl. Spruyts Galeriewerk), in Lützschena beim Baron Speck-Sternburg (erwähnt in mehreren Katalogen\, in Wiesentheid beim Grafen Arthur Schönborn-Wiesentheid (Kat. No. 554). Erwähnt sei auch ein Gemälde in der Hamburger Kunsthalle. — Das Bildnis der Antonia Brentano Birckenstock ist abgebildet bei Rud. Jung: „Goethes Briefwechsel mit Antonie Brentano" (1896). — Stieler hat bekanntlich auch Ludwig Tieck gemalt (Abb. bei Werckmeister:

Name, ehemals hochberühmt, noch heute auf einen guten Klang Anspruch erheben, wie wohl ich ihn durchaus nicht einem Franz Hals gleichstelle, was neuerlich einmal naiverweise geschehen ist. Man kennt die vielen Bildnisse, die Stieler von Mitgliedern des österreichischen, des bayerischen Herrscherhauses gemalt hat, man muss sein Goethebildnis als bedeutendes Werk gelten lassen. Hier wäre also von vornherein eine bessere Leistung zu erwarten, ein Kunstwerk von ausgereifter Technik, das die Züge des Meisters mit Sicherheit festzuhalten verstanden. Nun gibt es aber auch in diesem Falle dort und da einen Haken: das Bild ist nicht in allen Teilen fertig gemalt; Beethoven hat nur einige Sitzungen gewährt.

Der Frau Gräfin Rosalie Sauerma in Berlin, der Besitzerin des Bildes, verdanke ich sehr schätzenswerte Mitteilungen über das Stielersche Bild. Sie hat mir viele briefliche Anfragen im Jahre 1881 ausführlich beantwortet. Später habe ich das Originalbild selbst gesehen.

Der Kopf Beethovens reicht bis nahe an den oberen Rand, „da Stieler nur dieses Stück Leinwand aufgespannt hatte, als Beethoven sich malen lies" (schrieb mir Gräfin Sauerma).[1]) Ich möchte annehmen, dass Beethoven zu Stieler ins Atelier gekommen ist und den Maler durch sein baldiges Kommen überrascht hat. Ein anderes Mal

---

Das 19. Jahrhundert in Bildnissen. Eine alte Notiz darüber im „Kunstblatt" von 1838, S. 316.) — 1832 malte Stieler eine Fürstin Kinsky. — Heinrich Heine lobt ein Bildnis der Schauspielerin Demoiselle Hagen (in der Besprechung des Michael Beerschen Struensee, April 1828). Zu beachten auch Schnorrs Briefe aus Italien, sowie die Münchener und Wiener Ausstellungskataloge aus Stielers Zeit. Ein Billet Beethovens an Stieler ist mitgeteilt bei L. Nohl: „Neue Briefe Beethovens" S. 229. Siehe auch Nohl „B.s Leben".

[1]) Die Dimensionen des Bildes betragen ungefähr 0,71 × 0,57.

Stielers Beethovenbildnis.

gibt er genau die Stunde an, wann er zum Maler kommen will. Er schreibt ihm: „Werthester Freund! Heute ist es unmöglich, mich zu Ihnen zu begeben, morgen werde ich aber punkt Eilf Uhr bei Ihnen sein — Sie verzeihen schon — In Eile Ihr mit tiefester Hochachtung ergebenster Beethoven."[1])

„Die Augen sind braun, machen aber einen blauen Eindruck, da das Weiss im Auge leuchtend ins Bläuliche spielt . . ." Ich notierte mir vor dem Gemälde: dunkle Augen von ziemlich unbestimmter Färbung. Auf der Kehrseite des Gemäldes las Frau Gräfin Sauerma: „Ludwig v. Beethoven, Tonsetzer, nach der Natur gemalt von J. Stieler 1819", eine Inschrift, die von Stielers Hand herrührt. Dies erfuhr Gräfin Sauerma, als sie mit Stieler selbst bekannt wurde und ihn, den „alten liebenswürdigen Meister" um alle Umstände genau befragte, die sich auf sein Beethovenbildnis bezogen. Das Bild war nach Braunschweig zu einer Kunstausstellung geschickt worden; damals ist es bei irgendeiner Gelegenheit gestürzt und hat einen kleinen Riss bekommen (am Ärmel des Dargestellten). Stieler hatte das Porträt einem russischen Fürsten versprochen und musste nun mit einer Kopie des Bildes[2]) und mit einer Geldsumme schadlos gehalten werden. „Die Kopie sei schlecht genug ausgefallen", so sagte Stieler. Hierauf betont Gräfin Sauerma in ihrem Briefe, dass Stielers Originalporträt des grossen Tonmeisters „s e h r s k i z z e n h a f t g e m a l t" sei; deshalb

---

[1]) Nach Nohls Abdruck. Ich vermute, dass Ihnen und Sie mit kleinen Anfangsbuchstaben geschrieben waren.

[2]) Ich mache hier auf die Möglichkeit aufmerksam, dass jene Kopie identisch ist mit einer Nachbildung, die der Wiener Männergesangverein besitzt und die 1892 in Wien ausgestellt war. Der Vorstand-Stellvertreter des Vereins R. Hofmann teilte mir 1892 mit, dass diese Nachbildung 1871 als Geschenk des Herrn Dr. Rudolf Schwingenschlögl in den Besitz des Vereins kam. Hierzu auch Wiener Fremdenblatt 13. August 1892.

wäre das Kopieren schwieriger gewesen. Auch hat Stieler erzählt, dass ihm Beethoven **nur dreimal gesessen**. „Ich fragte (Stielern) darauf, ob denn Beethoven so wunderbar schöne **Damenhände** gehabt habe. **Stieler gestand mir ein, dass er die Hände nach der Phantasie gemalt habe.** Denn Beethoven hätte sich nicht mehr bewegen lassen, noch weitere Sitzungen zu geben . . ."

Aus anderen Mitteilungen von Gräfin Sauerma entnahm ich, dass auf dem Stielerschen Gemälde die Blatternarben in Beethovens Gesicht ein wenig angedeutet sind. Auf das Heft, das Beethoven im Bilde vor sich hält, sollte Stieler hinschreiben: Missa solemnis. Es sei sein bestes Werk, habe der Tondichter gesagt, „Lasst mich um Ehre werben, für sie hab' ich gelebt, für sie auch will ich sterben."

Auch über viele Einzelheiten belehren uns die brieflichen Mitteilungen von Gräfin Sauerma. Wir erfahren, dass Beethovens „Gesichtsfarbe blühend" ist, obwohl die Haare schon einen „grauen Eindruck machen". In meinen Notizen, die vor dem Bilde gemacht sind, steht geradewegs **graues Haar**. Den Rock fand ich dunkelgrau. Bezüglich der Kleidung heisst es: „der Rock ist dunkelblau, der Schal ziegelrot, der Kragen blendend weiss".

Für die **Datierung** des Bildes ist es nicht ganz ohne Belang, dass wir es schon 1820 im Ausstellungskatalog der Wiener Akademie der bildenden Künste verzeichnet finden (als No. 96). Nach der Inschrift auf der Hinterseite wäre das Bild 1819 gemalt. Schindler gibt eine unrichtige Datierung (1821). Für Schindlers Annahme der Jahreszahl 1821 würde nur der Umstand sprechen, dass Beethoven selbst die Inschrift „Missa solmnis" angeregt hat. 1819 war die Messe erst begonnen worden. 1820 ging Stieler indes schon wieder nach München. Im März 1820 schreibt er aber noch in Wien in ein Konversationsheft: „Madame Brentano soll leben. — Haben Sie nach Frankfurt geschrieben, dass ich Ihr Porträt angefangen habe?"[1]) Thayer, in einem an mich gerichteten Briefe, vermutet mit vollem Recht als Schreiber dieser Notiz den Maler Stieler. Ja sogar noch im Juni 1820 findet Thayer eine Stielersche Notiz in den Konversationsheften. „Bis zur nächsten Kunstausstellung werde ich Ihr Porträt nochmals machen, aber ganz in Lebensgrösse. Ihr Kopf macht sich vorzüglich gut von vorn, und es war passend, weil auf der einen Seite der Haydn, auf der andern der Mozart."

Hieran reiht sich eine Stelle in Beethovens Konversationsheften vom August und September 1820. Schindler schreibt dem Meister auf: „Was ist's mit dem Mahler? (NB. Wie ich selbst gelesen habe, heisst es Mahler und nicht Mähler) — er will und muss das Porträt nochmahls mit dem Original vergleichen — er kommt wieder mit mir hinaus. Das darf Sie nicht genieren!" Möglicherweise wollte Stieler das unvollendete Bild, nachdem er es in der Wiener Akademie neben anderen seiner Werke ausgestellt hatte, doch noch vollenden, ehe er Wien verliess. Aber mit weiteren Sitzungen Beethovens dürfte es schlecht ausgesehen haben.

Wieder aus den Konversationsheften schöpfend, erfährt man, dass Stieler das Bild nach der Ausstellung an Brentanos nach Frankfurt senden wollte. Nun, das Gemälde wurde nicht fertig gemalt; es kam deshalb auch nicht nach Frankfurt, sondern der Maler behielt es für sich.

---

[1]) Hierzu auch „Nord und Süd" vom April 1898 (S. 65f.). Einige Stellen aus den Konversationsheften, die sich auf Stieler beziehen, sind schon bei Nohl: Beethovens Leben III 858f. und 957 mitgeteilt.

Wie mir Stielers Witwe vor Jahren mitteilte, blieb es bis zu Ende der 1830er Jahre in der Familie. Dann kam es nach Braunschweig an den dortigen Kunstverein. Bei einer Verlosung fiel es Herrn Rat Spohr zu, dem Bruder des Tonkünstlers. Gräfin Sauerma, die Tochter von Rat Spohr, kam in der Folge in den Besitz des Bildes.[1])

Schindler ist über das Stielersche Beethoven-Porträt, wie es scheint, schlecht unterrichtet. Er versetzt die Entstehung des Werkes irrtümlicherweise in die „Herbstzeit von 1821". Auch schwankt er im Urteile über den Wert des Bildes in verschiedenen seiner Mitteilungen. Anders schreibt er 1827 an Moscheles,[2]) anders in der „Allgemeinen musikalischen Zeitung" von 1835 (S. 117 f.), wieder anders in der ersten und in den folgenden Auflagen seiner Beethovenbiographie. An Moscheles schreibt er: „Das Porträt Beethovens ist Ihnen bereits durch Lewinger überschickt worden ... wenn es nur jenes ist, wo er schreibend lithographiert ist; denn das ist das allerbeste; die anderen sind alle nichts wert. Auf dem Blatte, worauf er schreibt, steht ‚Missa solemnis'." Auch 1835 und 1840 lässt Schindler dieses Bildnis noch gelten.[3]) In den späteren Auflagen ist dann die Anerkennung schon eine sehr mässige. Nachdem er erwähnt hat, wie es Stieler verstanden habe, den Meister zu wiederholten Sitzungen zu bewegen, versucht er eine Kritik der künstlerischen Bedeutung des Bildes, wobei er auf das „äusserlich Glän-

---

[1]) Nach brieflichen Mitteilungen von Frau Jos. Stieler, der Witwe des Malers. Diese schreibt auch: „Beethoven sass mehrmals und unterhielt sich in seiner Weise lebhaft während der Sitzungen, indem er meinem Gatten jedesmal die Schiefertafel hinreichte, damit er schriftlich seine Fragen beantworte."

[2]) „Aus Moscheles' Leben" I. S. 167.

[3]) 1835 in der „allgemeinen musikalischen Zeitung" S. 117f. 1840 in der ersten Auflage seiner Beethovenbiogr. S. 271.

zende oder modern Konventionelle" darin abspielt. Dann sagt er, „in betreff des charakteristischen Ausdrucks ist der Moment gut wiedergegeben und fand Zustimmung. Hingegen stiess die vom Künstler beliebte Auffassung des Titanen, am meisten die Neigung des Kopfes auf Widerspruch, weil der Meister den Mitlebenden nicht anders bekannt war, als seinen Kopf stolz aufrechttragend, selbst in Momenten körperlichen Leidens. Ein mit seinem Wesen bekannter Maler würde ihm diese Stellung nicht gegeben haben." (II. S. 289 f.) Einige moderne Stimmen, die ich übrigens in dieser Frage nicht für massgebend halte, wollen in der geneigten Haltung des Kopfes jenes Erdenentrücksein wiederfinden, in das Beethoven, besonders zur Zeit, als er an der grossen Messe komponierte, gelegentlich versenkt war. Vielleicht hat Stieler, der übrigens nicht zum engsten Freundeskreise Beethovens gehörte, wirklich einmal den Meister so beobachtet und uns in seinem Gemälde eine Art Momentaufnahme jener Stimmung gegeben. Zu beweisen ist das aber nicht. Auf die vielen Zeugnisse über das Getroffensein des Bildes, die sich in den Konversationsheften Beethovens erhalten haben und die zum Teil bei Nohl schon abgedruckt sind,[1]) halte ich keine grossen Stücke, da es doch nicht viel bedeutet, wenn artige Besucher,

---

[1]) Bei Nohl in Beethovens Leben III. 859. Mehrere Mitteilungen machte mir A. W. Thayer über solche Stellen im Winter 1886/87. Z. B. „der Wachtl hat eine ausserordentliche Freude mit ihrem Porträt" (Notiz von 1820) und: „Ihr Porträt wird sehr gut, es erkennt's jeder gleich", schreibt im Februar 1820 ein Unbekannter in ein Konversationsheft. Die Stelle scheint sich auf Stielers Bild zu beziehen und ist nach L. Nohl von Bernhard geschrieben. Vgl. A. Chr. Kalischer in der Vossischen Zeitung 19. und 26. Mai 1889 und La Mara in der J. J. Weberschen Illustrierten Zeitung vom 8. März 1890, und in dem etwas überhasteten Buche „Klassisches und Romanstiches" sowie meine Gegengründe „Hamburger Signale" 1892 No. 10

unter denen ja sicher auch mancher Schmeichler war, ins
Heft hinschreiben: ich finde Sie sehr gut getroffen oder
dergl. Ein kritisches, wissenschaftlich massgebendes Urteil liegt darin ebensowenig als in Schindlers anfänglichen
Äusserungen. Können wir doch annehmen, dass die meisten derjenigen, die das Bildnis zur Zeit seiner Entstehung gelobt haben, keine kritischen Studien über die
früheren Porträte des Meisters angestellt haben. Bezüglich Schindlers haben wir ja sogar schon angedeutet, dass
ihm besonders anfangs gar wenig Beethovenbildnisse bekannt waren. Und späterhin, als er sich mehr mit dem
Gegenstande befasst hatte, bringt er auch ein gewichtiges
Bedenken vor, das wir schon kennen gelernt haben. Auch
Beethovens Freund Steffen (von Breuning) lobte es nicht
ganz ohne Einschränkung. Er sprach sich 1826 in Beethovens Gegenwart dahin aus, dass von dessen Bildnissen
keines als vorzüglich getroffen angesehen werden könne.
Unter den neueren Bildnissen aber sei das Stielersche das
ähnlichste.[1]) „Es sei das ähnlichste", sagte Stefan von
Breuning, „zumal wenn man nicht in dessen Einzelheiten
eingehe und es durch das Fenster von der Rückseite aus
betrachte, wodurch dessen scharfe Umrisse sich milderten." Diese Bemerkung soll Beethoven sehr gut aufge-

---

[1]) Es kann hier kaum ein anderes Blatt als das Dürcksche
gemeint sein, da Breuning schreibt: „Beethoven brachte ein Exemplar
seines kürzlich in lithographischem Abdruck bei M. Artaria erschienenen Stielerschen Porträts mit der Missa solemnis mit."
Vgl. Breuning „Aus dem Schwarzspanierhause", S. 72. Das Dürcksche Blatt ist bei Artaria im Jahre 1826 erschienen. — Vgl. Nottebohms „Zweite Beethoveniana", S. 364. Aus einem Spesenbuche
des Verlegers M. Artaria geht hervor, „dass das von Dürck nach
Stielers Gemälde gezeichnete Porträt ... nicht wie in der „Wiener
allgemeinen Musikzeitung" vom 14. August 1845 angegeben ist, im
Jahre 1824, sondern erst 1826 erschien". Links unten nahe der
Einfassungslinie steht: „gemalt v. J. Stieler", rechts unten symmetrisch: „Gez. v. F. Dürck". In der Mitte nahe der Einfassungs-

nommen haben.¹) Er sendete wenige Monate später den Dürckschen Steindruck auch an seinen Freund Wegeler mit der Widmung: „Meinem vieljährigen geehrten, geliebten Freunde F. V. Wegeler."²) Auch Karl Holz, dem er auch eine Violine schenkte, wurde 1826 mit der Dürckschen Lithographie nach Stielers Gemälde bedacht.³)

Breuning hat, als er sein Urteil äusserte, vielleicht das Schimonsche Bild nicht gekannt, welches schon damals offenbar von manchem vorgezogen wurde. Wir haben schon oben kennen gelernt, was ein Bekannter Beethovens um den 20. März 1820 ins Heft schreibt. „Das untermalte Bild habe ich bei Stieler gesehen. **Das von Schimon ist mir aber lieber.** Es ist mehr Ihr Charakter darin. **So findet es jeder.** — Sie waren vor zwei Jahren sehr gesund und jetzt kränkeln Sie stets."

Nachdem wir nun dieses und jenes fremde Urteil über den Wert und die Ähnlichkeit des Stielerschen Beethovenbildnisses gehört haben, wollen wir uns eine eigene Meinung darüber bilden. Dabei wird uns trotz des Widerspruches, den mein Verfahren von unberufener Seite gefunden hat, hauptsächlich die Maske von 1812 zu leiten haben.

---

linie liest man: „Gedr. v. J. Selb". — Titel: „Louis van Beethoven" darunter steht die Adresse: „Bey Mathias Artaria in Wien". H. 0,278, Br. 0,225. — Über Fr. Dürck (geb. 1809) vgl. Naglers, Seuberts und Al. Müllers Künstlerlexika. Dürck kam ungefähr 1824 nach München und unter Stielers Leitung. Er kopierte auch Stielers Bildnis des Königs Ludwig von Bayern für den Baron Speck-Sternburg (vgl. den illustrierten Katalog der Gemäldegalerie zu Lützschena No. 231, 247 und 274). Die Wiener Hofbibliothek hat ein ziemlich reichhaltiges Werk von Dürk gesammelt.

¹) Vgl. G. v. Breuning a. a. O.
²) Vgl. Wegeler und Ries: „Biographische Notizen", S. 53.
³) So berichtet eine Notiz der „Neuen freien Presse" vom 1. (oder 2.) Mai 1880 (nachgedruckt in „Sport und Salon" vom 30. Mai 1880). Vgl. auch L. Nohl „Beethovens Leben" III, S. 957.

Wenn ich mir die Maske in dieselbe allerdings nicht naturgetreue Stellung und in dasselbe Licht bringe, in welcher Stieler Beethovens Kopf gemalt hat, und nun meine Vergleichung[1]) anstelle, so zeigt sich wieder recht deutlich, wie zwar die untere Gesichtshälfte mit dem sonderbar gebildeten Kinne ganz gut getroffen ist, wie aber gleich von der Nase an wieder die auffallendsten Inkongruenzen beginnen. Die Nase viel zu lang, die Stirn viel zu hoch. Könnte man die obere Hälfte zusammenschieben, so wäre es wohl gut; denn die Stirn ist ziemlich breit, die Charakteristik der Brauen und der Nasenwurzel ist gut, aber die Augen sitzen so hoch über dem Jochbein, wie es überhaupt sehr selten vorkommen dürfte und wie es bei Beethoven durchaus nicht der Fall war. Sicher ist der Nasenrücken viel zu energisch modelliert und im oberen Drittel ganz verfehlt, was schon allein einen fremden Zug hereinbringen würde.[2]) Als ich dem, schon mehrmals erwähnten, C. F. Hirsch eine Photographie nach dem Dürckschen Blatte zeigte, fand er die Stirn zu hoch. Er bezeichnete nur die Falten ganz unten auf der Stirn als naturwahr, Schindler und Dr. G. v. Breuning bezeichnen die schiefe Haltung des Kopfes auf dem Stielerschen Bilde als unwahr. Und wirklich gibt diese Haltung dem ganzen Porträt den Anschein des Schwächlichen, Kränklichen, wie es dem Beethoven von 1819 noch nicht zukommt. Deshalb wohl verfiel auch Schindler hinterher

---

[1]) Diese geschieht mit dem photographischen Druck nach dem Original, der bei Mertens und Brause hergestellt wurde. Vgl. hierzu meinen Artikel in der Neuen Wiener Musikzeitung vom März 1890. Eine Gitterphototypie nach dem Lichtdruck brachte die Leipziger illustr. Ztg. am 8. März 1890. Vgl. auch meine neuerlichen Erörterungen in H. Pohles „Hamburger Signalen" von 1892. Die hier beigegebene Abbildung geht auf die Nachbildung von Mertens & Krause zurück.

[2]) Vgl. meinen Artikel in der „Neuen Wiener Musikzeitung" (V. Kratochwills Verlag) vom 20. März 1890.

in den Irrtum, als sei das Gemälde erst im Herbst 1821 entstanden.¹) Aus jenem Anscheine des Kränklichen erklärt sich auch Ferdinand Hillers Urteil über dieses Bildniss. Er sieht darauf den schon hinsiechenden Meister dargestellt, nahe dem Stadium, in welchem er ihn später, 1827, persönlich kennen gelernt hat.²) Alles zusammengenommen, möchte ich doch, hauptsächlich wegen des getreueren Gesamteindruckes, dem Schimonschen Beethovenbildnis vor dem Stiererschen den Vorzug geben. Auch hat es mehr einzelne Züge mit der Maske von 1812 gemein.

Ich darf nicht versäumen, hier darauf hinzuweisen, dass auch später mehrere Lithographien nach Stielers Gemälde hergestellt worden sind, die aber dem Dürckschen Blatte jedenfalls in vieler Beziehung nachstehen. Brauchbar ist noch der Steindruck von Kriehuber,³) kaum aber das von unbekannter Hand nach der Kriehuberschen Lithographie gezeichnete und bei Spina in Wien er-

---

¹) Von einer anderen Haltung des Kopfes berichtet Schindler (nach Rochlitz) an anderer Stelle vgl. Schindler (II, 292). Rochlitz hatte zu Beethoven von einer Faust-Musik gesprochen. Das Thema fesselte Beethoven. „Ha! rief er aus, und warf die Hand hoch empor. Das wäre ein Stück Arbeit! Da könnt' es was geben! In dieser Art fuhr er eine Weile fort, malte den Gedanken sich sogleich und garnicht übel aus, und sah dabei, zurückgebeugten Hauptes, starr an die Decke." Vgl. Rochlitz „Für Freunde der Tonkunst", IV. Bd., Leipzig, Cnobloch 1832 (zwei Briefe vom Jahre 1822 an G. H. Härtel in Leipzig), S. 359 ff.

²) Vgl. „Aus dem Tonleben unserer Zeit" neue Folge 1871 („biographische Skizze" zu Beethoven, S. 167). „Die Lithographie nach dem Bilde Stielers... gibt eine getreue Anschauung von seinem damaligen leidenden Aussehen. Am 26. März 1827... verschied... der Meister." Hiller hat diese Worte im Jahre 1870 veröffentlicht.

³) Er ist bezeichnet unten links nahe der Einfassungslinie: „Gemalt von J. Stieler", rechts: „Lith. v. Kriehuber", mitten: „Druck v. Reiffenstein & Rösch". Auf dem Buche, das Beethoven hält, steht „Missa solemnis in D ♯ („in" ist undeutlich und scheint

schienene Blatt. Stielers Beethoven ist auch in Holzschnitt für die „Gartenlaube" und eine andere illustrierte Zeitschrift vervielfältigt worden.[1])

Noch ist anderes für den Beethoven der frühen 1820er Jahre zu beachten.

---

monogrammartig aus geschriebenem lateinischen grossen I und N zusammengesetzt). Grösse des Bildes ungefähr wie die des Dürckschen Blattes.

[1]) Vgl. „Gartenlaube" von 1869 S. 647, mit dem Monogramm „An" (August Neumann) links unten. Ausserdem kommt ein ganz analoger Holzschnitt vor, der rechts unten bezeichnet ist: „Aug. Neumann sc. Lpzg." Darunter steht gedruckt: „Ludwig van Beethoven. Nach dem Originalporträt von Stieler im Besitze der Gräfin Sauerma in Berlin". Auf den Stielerschen Typus im allgemeinen geht auch das lithographierte kleine hochovale Brustbild zurück, das die Namen A. St Aulaire und Langlumé nennt und das dem VII. Bande der „Caecilia" (1828) vorangestellt ist. Ferner wird Stielers Typus benützt in der Lithographie von C. Ullrich (gr. Fol.). Schindler warnt (in der „Allgemeinen musikalischen Zeitung" von 1835) vor einer Nachbildung des Stielerschen Beethoven-Porträts, die bei J. Dunst in Frankfurt a. M. erschienen war. Den Typus Stieler benutzen auch folgende zwei Blätter im 22. Neujahrsstück der allgemeinen Musikgesellschaft in Zürich (1834) u. z.: Beethoven in einer Landschaft (Aquatintablatt) und ein hochovales Brustbildchen vom Stecher R. Rahn (Grabstichelblatt). Entfernte Verwandtschaft mit dem Stielerschen Beethoven zeigt auch der Stich von A. H. Payne nach Stocks Zeichnung (in Paynes „Universum" neuestens verkleinert nachgebildet in dem Blatte „Neue Musikzeitung" (Grüninger, Stuttgart) XXVI. No. 13), ferner eine Lithographie mit der Adresse „Paris, Rosselin 21 Quai Voltaire", „Imp. Lith. Formentin, 10 Rue des Sts. Pères", auch ein Blatt mit der Bezeichnung: „Lith. par Ch. Vogt. Imp. Lith. Formentin Cie." Die Lithographie von Chabert schliesst sich gleichfalls an den Stielerschen Typus an. — Die bei Spina erschienene Lithographie ist bezeichnet unten links unter der Einfassungslinie: „Lith. Kriehuber", mitten: „Mit Vorbehalt gegen Nachdruck", rechts: „Druck v. H. Gerhart, Wien". Unten die Adresse: „Eigentum und Verlag von C. A. Spina in Wien, kais. König. Hof-Kunst- und Musikalienhandlung." Darunter der Doppeladler. Stielers Typus ist auch auf dem Tableau von Klauser zu finden. Eine Miniatur nach dem

Der schon oben erwähnte Philologe Dr. W. C. Müller stellt uns eine Personsbeschreibung zur Verfügung, die uns den Beethoven von 1 8 2 0 vergegenwärtigt, sich also wohl auf die Zeit bald nach der Entstehung des Stielerschen Bildes bezieht. Müller schreibt:

„In seinem Äusseren ist alles kräftig, manches rauh wie der knochige Bau seines Gesichtes, mit einer hohen breiten Stirne, einer kurzen eckigen Nase, mit aufwärts starrenden, in groben Locken geteilten Haaren. — Aber er ist mit einem zierlichen Munde und mit schönen sprechenden Augen begabt, worin sich in jedem Momente seine schnell wechselnden Gedanken und Empfindungen abspiegeln — graziös, liebevoll, wild, zorndrohend, schrecklich . . . Wie wenig er von der Welt wusste und sich um konventionelle Formen und irdische Dinge bekümmerte, zeigte sein Äusseres in der Zeit, wo er am meisten komponierte. Die Mode zum Beispiel, Hemdkrausen zu tragen, kannte er nicht. Eine Freundin, die ihm, damit er ordentlicher bei seinen Schülerinnen erscheine, hatte Oberhemden machen und mit dieser Verzierung besetzen lassen, fragte er: Wozu denn dies? — Ach ja, zum Warmhalten! antwortete er sich selbst, und stopfte diesen Putz unter die Weste."[1]) Die kleine Erzählung muss jedenfalls mit Vor-

Stilerschen Ölgemälde bei Herrn Meyer-Cohn in Berlin. Ein sehr seltenes Blättchen, das auf Stielers Beethoven zurückgeht ist eine kleine Lithographie in dem holländischen Buche: „Ludwig v. Beethoven geschiedkundige Bijdragen en verhalen, eigenhandig geschrevene brieven, Facsimile anz. van dezen beroemden Componist, byeen verzameld en uitgegeven door Dr. F. G. Wegeler Ferdinand Ries en J. Ridder von Seyfrieds (Leiden D. Du-Mortier en Zoon 1840) 8º, zu erwähnen auch zwei Stahlstiche aus Carl Meyers Kunstanstalt in Nürnberg, Brustbilder a mit Wolken b ohne solche. Jedenfalls mit Benutzung des Stielerschen Typus ist auch ein kleines Beethovenbild auf Metall hergestellt, das sich 1890 bei Herrn Robert Ernesti in Leipzig befunden hat. (Unbekannte Hand.)

[1]) Vgl. „Allgemeine musikalische Zeitung" von 1827 (Nr. 21 bis 23). Müller erzählt offenbar ungenau. Schon oben die „Locken"

sicht benützt werden, wie denn auch den Worten J. R u s -
s e l s , der Beethoven im Jahre 1 8 2 1 zirka gesehen hat,
nicht unbedingt Glaube geschenkt werden kann.[1])

Einiges äusserliche aus jenen Jahren ist uns durch die
handschriftlich festgehaltenen Erinnerungen der Familie
B l ö c h l i n g e r überliefert. Ich habe die Beethoven-
stellen daraus 1894 in der Neuen freien Presse (vom
4. November) mitgeteilt. Karl Blöchlinger von Bannholz
erinnerte sich noch genau, dass Beethoven einen breit-
krempigen Hut trug und im Winter einen schwarzen
„Spenser" über den Frack anzog.

Bei Russel lesen wir: „Die Vernachlässigung seines
Äusseren gibt ihm ein etwas verwildertes Ansehen. Seine
Gesichtszüge sind kräftig und hervorstechend; sein Auge
ist ausdrucksvoll; sein Haar, welches seit Jahren weder
Kamm noch Schere berührt zu haben scheint, überschattet
seine b r e i t e S t i r n e in einer Fülle und Unordnung,
mit welcher nur die Schlangen um das Medusenhaupt verglichen werden können." Russel hatte u. a. auch Gelegenheit den Meister a m K l a v i e r zu beobachten. Wie
Beethovens Spiel von lebhaften Reaktionen im Antlitz begleitet gewesen, schildert Russel lebendig, wenngleich
nicht mit Ausdrücken, wie sie der Physiolge gebrauchen
würde.

„Seine Gesichtsmuskeln schwollen an, und seine
Adern traten hervor; das ohnehin wilde Auge rollte noch
einmal so heftig, der Mund zuckte und Beethoven hatte

---

konnten unmöglich wörtlich genommen werden. Was soll dann
die Erwähnung der Schülerinnen? Zudem weiss man ja ganz
bestimmt, dass Beethoven auch Hemdkrausen getragen hat. Auch
auf einem Bildnisse aus den zwanziger Jahren finden wir sie wieder.

[1]) Vgl. Russels „Reise durch Deutschland und einige südliche
Provinzen Österreichs in den Jahren 1820, 1821 und 1822" II. Teil
S. 309 ff. Russel ist kein guter Beobachter. Auch übertreibt und
verallgemeinert er zu oft.

das Ansehen eines Zauberers, der sich von den Geistern überwältigt fühlt, die er selbst beschwor."[1])

Einer so lebendigen Schilderung gegenüber muss der Beethoven tot und gehaltlos erscheinen, den im Jahre 1821 der Bildhauer Anton Dietrich[2]) modelliert hat. Es scheint zwar, dass der Tonmeister Sitzungen gewährte;[3]) aber die Richtung des bildenden Künstlers, der nunmehr ein Abbild Beethovens schaffen sollte, zielte nicht auf Leben und Ausdruck. Akademische Kälte beherrscht diese Arbeit, die zwar mit Sorgfalt und Gewissenhaftigkeit ausgeführt ist, aber dem stets sich frei bewegenden Beethoven die Formen einer antiken Hermenbüste aufzwingt und in seinem Antlitz mehr glättet, als sich mit unseren Begriffen von Naturwahrheit vereinigen lässt. Im grossen und ganzen stimmen die Formen mit denen der Maske einigermassen überein, nicht entfernt aber in so hohem Grade, wie es an der Klein'schen Büste zu beobachten war.

Die Entstehungszeit dieser Büste steht zweifellos fest. Herr Professor Leopold Schrötter v. Kristelli in Wien besitzt, wie es scheint, die Originalbüste, die an dem rechten Abschnitte die alte Bezeichnung trägt: „Ant. Dietrich nach dem Leben modllirt 1821." Abgüsse befinden sich in der Sammlung der Akademie der bilden-

---

[1]) Was Russel über Beethovens damaliges Klavierspiel zu erzählen weiss, habe ich in dem Buch „Neue Beethoveniana" mitgeteilt.

[2]) Über Anton Dietrich (geb. 1799, gest. 1872) vgl. „Kunstblatt" (von Förster und Kugler) 1845, S. 312. Wurzbachs und Seuberts Lexika. Dietrich scheint 1872 gestorben zu sein (nach einer handschriftlichen Notiz bei der Beethovenmaske im Museum der Gesellschaft der Musikfreunde in Wien). Nohl in seiner Beethoven-Biographie III, 858, lässt ihn 1874 sterben.

[3]) Vgl. „National-Enzyklopädie des österreichischen Kaiserstaates", Artikel Dietrich (S. 711), wo unter den Arbeiten des Bildners auch eine Büste Beethovens angeführt wird, „zu deren Vollendung der unsterbliche Tonkünstler ihm alle nötige Zeit gewährte". Auch dürften einige Stellen in den Konversationsheften sich auf diese Büste beziehen. Nohl: „Leben Beethovens", III, S. 858.

den Künste zu Wien, im Beethovenhaus zu Bonn und anderswo.

Dietrich hat den grossen Komponisten noch zweimal porträtiert. Man kennt eine Zeichnung vom Jahre 1826 und eine zweite Büste mit Dietrichs Signatur, aber ohne Jahresangabe. Diese zweite Büste hat sich eine Zeitlang im Besitze von Nicolaus Lenau befunden und gehörte später Frau Pauline Neumann in Wien. Lenaus dichterische Einbildungskraft wurde durch Dietrichs Arbeit zu neunzehn Strophen begeistert, die „Beethovens Büste" überschrieben sind. Wir haben heute die unangenehme Verpflichtung, die Angelegenheit nur ja nicht dichterisch, sondern so nüchtern als möglich zu betrachten, und müssen uns sagen, dass diese zweite Dietrichsche Büste in ihren Formen noch stumpfer und charakterloser ist als die vom Jahre 1821. Eine greifbare Benützung der Maske von 1812 kann ich darin ebensowenig entdecken als in der ersten Dietrichschen Büste. Ein Benützen der Totenmaske, das auch in der Litratur erwähnt wird, kann hier der vollständigen Formenverschiedenheit wegen nicht angenommen werden. Die Büste im Besitze von Frau Pauline Neumann trägt nur die Bezeichnung mit dem Künstlernamen („Ant. Dietrich"), aber keine Jahreszahl. Dieser Umstand und die auffallende Charakterlosigkeit dieser Arbeit haben mich vermuten lassen, dass diese Büste nur aus der Erinnerung gefertigt und etwa erst nach Beethovens Tod entstanden wäre.[1])

Dass eine Dietrichsche Büste nach der Totenmaske

---

[1]) Vgl. hierüber meinen Artikel „Beethoven-Büsten" in Kastners „Wr. musik. Zeit." II, No. 7, S. 119f. Eine Erwähnung von zwei Dietrichschen Büsten taucht zudem erst im Juni 1827 auf (am 26. März 1827 war Beethoven gestorben). Die Quelle, die von zwei Büsten spricht, ist J. A. Schlossers Beethoven-Biographie, S. XII und S. 73. (Die Vorrede ist mit: Juni 1827, datiert.) Es wird dort auch davon gesprochen, dass Dietrich seine zwei Beethoven-Büsten in Marmor ausgeführt habe.

ausgeführt sein soll, erfährt an aus einer Notiz in Frankls „Sonntagsblättern" von 1847 „Dreizehn Büsten Beethovens", die mehrfache Verwirrung hervorgerufen hat. Es wird zuerst von der Totenmaske gesprochen. Nach dieser vollendete, so heisst es, Dietrich seine Büste. Dass nicht die Büste von 1821 gemeint sein kann, liegt auf der

Dietrichs Zeichnung.

Hand. Aber auch auf die spätere Büste von Dietrich passt die Mitteilung nicht, da auch diese keinen einzigen Zug von der Totenmaske aufzuweisen hat. Wohl ist die Totenmaske in jener Notiz mit der Maske von 1812 verwechselt worden. (Siehe oben S. 42.) Eine bei Trentsensky lithographierte und bei Tobias Haslinger erschienene Lithographie, nach einer der beiden Büsten gezeichnet, ist als Beethovenbildnis gänzlich wertlos, wie denn überhaupt die Dietrichschen Büstentypen eher irreführen als belehren, wenn wir uns Beethoven in den frühen 1820er Jahren vorzustellen haben.[1])

Nur eine Zeichnung Dietrichs, deren Entstehungszeit nicht ganz sicher steht, obwohl sie mit 1826 datiert ist, hat so viele individuelle Züge, dass sie Beachtung verdient und anbei nachgebildet wird.

Trotz der späten Datierung mit 1826 (die deutlich auf der einzigen zuverlässigen erhaltenen Vorlage, nämlich der Photographie von F. Wendling in Wien zu unterscheiden ist[2]) wird Dietrichs Zeichnung sogleich mit den Bildnissen um 1821 besprochen, da ich unbedingt annehme, dass die Datierung nachträglich bei Vollendung des Blattes oder bei sonst einer Gelegenheit aufgesetzt worden ist. Gar nicht unwahrscheinlich ist es, dass diese Zeichnung eine Vorstudie zur Büste von 1821 bildete und noch etwas früher als diese Büste entstanden ist. Denn sie stellt Beethoven noch einigermassen in Vollheit und Rüstigkeit dar, ganz und gar nicht so, wie uns der Beethoven von 1826 bekannt ist. Das Antlitz auf Dietrichs Zeichnung stimmt in seinen grossen Formen noch recht wohl mit der Maske von 1812 überein. Die Stirn ist nicht allzu hoch. Zugunsten der Porträtähnlichkeit stimmt auch der Umstand, dass die Ungleichheit der Kinnhälften wohl beachtet ist. Die Furchen über der Nasenwurzel sind ausgeprägt. Ein leidender Zug ist dabei nicht zu verkennen. Die Wangen sind merklich eingefallen. Dadurch wird die oben geäusserte Vermutung einer Entstehung etwa 1821 überdies gestützt. Dazu bemerke ich endlich

---

[1]) Ich lasse mich in meinem Urteile über diese Büsten auch nicht durch eine Stelle im „Kunstblatte" irreführen, wo es heisst (1845, S. 312) „Wien. Dietrich, von dem die beste Büste Beethovens herrühren soll, modelliert gegenwärtig..."

[2]) „Ant. Dietrich 826" lautet die Signatur und Datierung.

noch folgendes: Auf dem „Wiener Gedenkblatt zur Feier des 100. Geburtstages L. v. Beethovens" ist Wendlings Photographie aufgezogen. Die Unterschrift der Photographie auf dem erwähnten Gedenkblatte besagt, die Originalzeichnung sei in den Jahren von 1821—1826 entstanden. Das mag wohl auf Dietrichs Aussage zurückgehen.[1])

Den Meister, wie er 1822 ausgesehen, hat uns F r i e d r i c h R o c h l i t z mit beredten Worten geschildert. Im Sommer jenes Jahres lernte er ihn kennen. Die Schilderung von Beethovens Äusserem, die Rochlitz zunächst in dem Buch „Für ruhige Stunden"[2]) und übereinstimmend damit in seinem, von Goethe so geschätzten, „Für Freunde der Tonkunst"[3]) entwirft, ist in mehrere andere Bücher hinübergenommen worden. Auch wir können sie nicht missen. Im allgemeinen nennt Rochlitz das Äussere Beethovens ein „vernachlässigtes, fast verwildertes". Das „dicke, schwarze Haar"[4]) hing „struppig um seinen Kopf". — Er fährt in seiner Schilderung fort: „Denke dir einen Mann von etwa fünfzig Jahren, mehr noch kleiner als mittler, aber sehr kräftiger Statur, gedrängt, besonders von starkem Knochenbau, ungefähr wie

---

[1]) Die Zeichnung ist auch von Faust Herr lithographiert (für den Neumannschen Verlag in Wien).

[2]) II. Bd., Leipzig 1828, Cnobloch, S. 34 ff.

[3]) IV. Bd., Leipzig 1832, Cnobloch (Musik und Musiker in Wien; zwei Briefe vom Jahre 1822 an G. H. Härtel in Leipzig), S. 350 ff. Der erste Band von der Publikation Rochlitzens wurde von Goethe besprochen (vgl. „Goethes sämtliche Werke", Cottasche Ausgabe, XXXII, S. 334).

[4]) Wir wissen zuverlässig, dass Beethoven schon 1816 zu ergrauen begann. Rochlitz täuscht sich also im Punkte des „schwarzen" Haares. Auch erzählte mir Herr kaiserl. Rat Aug. Artaria, der als junger Mann Beethoven im Jahre 1822 zum ersten Male gesehen hat, dass der Meister damals schon ergraut war. Artaria sprach von langen, weissen Haaren. Andere Beobachtungen sollen uns noch im Verlauf der Studie beschäftigen.

Fichtes, nur fleischiger und besonders von vollerem, runderem Gesichte; rote, gesunde Farbe; unruhige, leuchtende, ja beim fixierenden Blick fast stechende Augen; keine oder hastige Bewegungen; im Ausdrucke des Antlitzes, besonders des geist- und lebensvollen Auges eine Mischung oder ein zuweilen augenblicklicher Wechsel von herzlicher Gutmütigkeit und von Scheu; in der ganzen Haltung jene Spannung, jenes unruhige, besorgte Lauschen des Tauben, der sehr lebhaft empfindet; jetzt ein froh und frei hingeworfenes Wort, sogleich wieder ein Versinken in düsteres Schweigen..." Wie ungleichmässig Beethoven in seiner Sorgfalt oder Sorglosigkeit um Kleidung und Äusserlichkeiten war, geht auch daraus hervor, dass derselbe Rochlitz, der ihn zu Hause „fast verwildert" genannt hat, ihn bei Gelegenheit eines Ausfluges nach Baden „ganz nett und sauber, ja elegant" gekleidet findet. „Doch hinderte ihn dies nicht (es war ein heisser Tag), bei einem Spaziergange im Helenentale . . . den feinen schwarzen Frack auszuziehen, ihn am Stocke auf dem Rücken zu tragen und blossarmig zu wandern."

Ich reihe noch andere Berichte aus jenen Jahren hier an, um sie schliesslich noch mit den Bildnissen in Einklang zu setzen, die in den Zwanzigerjahren entstanden sind.

1821 dürfte sich Beethovens Aussehen nicht wenig geändert haben. In jenem Jahre zeigten sich die ersten recht deutlichen Anzeichen eines Leberleidens. Denn im Zusammenhang mit späteren Krankheitsnachrichten kann man eine **Gelbsucht**, die Beethoven 1821 überstand, nur als Symton einer Erkrankung der Leber deuten.[1]

1822 machte sich der Meister seiner **geringen Kleidung** wegen „geschwind fort" aus der Hofburg.

---

[1] Von der Gelbsucht schreibt B. am 18. Juli 1821 an den Erzherzog Rudolf. Köchel: Briefe Beethovens an Erzherzog Rudolf S. 60.

Denn es schien ihm, **dass sein "Anzug gar zu sehr auffiel"**, als er dort anklopfte, wo er den Erzherzog-Kardinal Rudolf vermutete. Davon schrieb er im Februar 1822 an den Erzherzog.[1])

Als **Anschütz**, der berühmte Hofburgschauspieler 1822 in der Nähe von Heiligenstadt Beethoven im Freien gelagert sah, fand er ihn „in etwas ungeordneter Kleidung, den gedankenschweren, geistreichen, wildschönen Kopf in die linke Hand gestützt und den Blick auf ein Notenblatt geheftet, in das er mit der Rechten mystische Runenzüge eingrub, während er in den Zwischenpausen mit den Fingern trommelte."[2])

Marie Pachler-Koschak, die Klavierspielerin, sagte, der Meister sei **1823** in seinem dreiundfünfzigsten Lebensjahre **schon sehr gealtert gewesen**.[3])

Auch der Harfenfabrikant J. A. **Stumpff**, der unseren Künstler 1816 gesehen und im September 1823 wiedergesehen hatte, fand gegen 1816 eine grosse Veränderung in Beethovens Äusserem. Es fiel Stumpff sogleich auf, „dass er sehr unglücklich aussah".[4])

Sporschill[5]) sagt dagegen 1823 nach einem ersten Eindruck, ohne Vergleichung mit Beethovens Aussehen in früheren Jahren: „Beethovens Äusseres verkündet markige Kraft, sein Kopf erinnert an Ossians Grey heared

---

[1]) Köchel: a. a. O. S. 60.

[2]) „Heinrich Anschütz, Erinnerungen aus dessen Leben und Wirken."

[3]) Vgl. Faust Pachler: Beethoven und Marie Pachler-Koschak.

[4]) Vgl. A. Schindler „Beethoven in Paris" S. 165, dort nach dem Supplement der englischen Übersetzung der Schindlerschen Beethovenbiographie. L. Nohl „Beethoven nach den Schilderungen seiner Zeitgenossen" S. 175 zitiert hierzu auch noch das „Harmonicon" vom Januar 1824 und die „Jahrbücher für musikalische Wissenschaft" von 1863.

[5]) Vgl. Nohl: Beethoven nach den Schilderungen seiner Zeitgenossen S. 184f. und Hans Volkmann: Neues über Beethoven. S. 84 ff.

bards of Ullin ... Seine Bewegungen sind schnell." 1827 trägt er dann nach, was er vom „gedrungenen Körperbau" des „sorglos gekleideten" Beethoven in Erinnerung hatte. Der „Hut von schwer zu bestimmender Form" wird erwähnt. Der Kopf „halb nach oben gerichtet, tiefste Abgezogenheit im grauumschatteten Antlitz". Dann spielt Sporschill darauf an, wie Beethoven „mit kurzen, die Erde fest aber nur flüchtig schlagenden Tritten durch die Strassen" eilte, bis er „blitzschnell um eine Ecke verschwand". In den Umgegenden von Baden und Mödling hätte man den Meister „an einem Baumstamme lehnen oder auf einem Felsblocke sitzen sehen, das Papierheft in der einen, den Stift in der anderen Hand, bald lange durch das grüne Laubdach zum blauen Himmel emporstarrend, bald mit eiliger Hand Hieroglyphen auf das Blatt punktierend... Oft begegnete es ihm, dass er, wenn er im Grünen sass, aufstand und weitereilte, ohne zu bemerken, dass er seinen Hut liegen lassen ..." Von Unwetter überrascht, sei er dann „mit blossem Haupte, die grauen Haare vom Regen triefend, erstarrt und erkältet", nach Hause gekommen. Sporschill hat uns auch eine eigentümliche Handbewegung überliefert, die bei Beethoven den Ausspruch: „Geld ist nichts" zu begleiten pflegte. Sie bestand darin, dass Beethoven die fünf Finger der rechten Hand zusammmengehalten an den Mund führte und sie dann, den Arm ausstreckend, auseinanderschnellte.

Karl Maria von Weber, der damals schon lorbeerbekränzte Komponist, besuchte in Gesellschaft von Halsinger und Benedict den Meister am 5. Oktober 1823 in Baden.[1]) Sie finden ihn in einem öden, fast ärmlichen Zimmer. Grösste Unordnung. Musik, Geld, Kleidungsstücke auf dem Fussboden, auf dem unsauberen Bette Wäsche gehäuft, der offenstehende Flügel mit dickem Staube bedeckt, zerbrochenes Kaffeegeschirr auf

---

[1]) Vgl. Webers Biographie von Max M. v. Weber. II, S. 510.

dem Tische. Beethoven trat ihnen entgegen. Benedict sagt: „So muss Lear oder die ossianischen Barden ausgesehen haben. Das Haar dick, grau, in die Höhe stehend, hier und da ganz weiss, Stirne und Schädel wunderbar breit gewölbt nud hoch, wie ein Tempel, die Nase viereckig, wie die eines Löwen, der Mund edel geformt und weich, das Kinn breit, mit jenen wunderbaren Muschelfalten, die alle seine Porträts zeigen, und aus zwei Kinnbackenknochen gebildet, die dafür geschaffen schienen, die härtesten Nüsse knacken zu können. Über das breite, blatternarbige Gesicht war dunkle Röte verbreitet, unter den finster zusammengezogenen, buschigen Brauen blickten kleine, leuchtende Augen auf die Eintretenden, die zyklopisch viereckige Gestalt, welche die Webers nur wenig überragte, war in einen schäbigen, an den Ärmeln zerrisssenen Hausrock gekleidet."

Erst nach der Vollendung der Hauptarbeit an der neunten Symphonie im Februar 1824 scheint Beethoven wieder an äusserliche Dinge gedacht zu haben. „Nun sah man ihn wieder durch die Strassen schlendern mit seinem am schwarzen Bändchen hängenden ‚Stecher', die schönen Auslagekästchen belorgnettieren und manchen Bekannten oder Freund nach langer Zeit wieder einmal im Vorbeigehen begrüssen." (Schindler II, 56.)

Im Sommer 1825 sieht ihn der Organist F r e u d e n - b e r g , aus Breslau kommend, in Baden. Er nennt Beethoven „eine gedrungene Gestalt in Mittelgrösse mit freundlicher Gebärde und liebvollem Blicke". Zum Schluss seiner Mitteilungen sagt Freudenberg dann wieder, Beethoven sei „von ziemlich kleiner Figur" gewesen, „mit wildem und etwas verstörtem Aussehen, grauem, struppigen Haare, borstenmässig in die Höhe stehend . . .[1])

---

[1]) Vgl. Viol: „Aus dem Leben eines alten Organisten" (1869), zitiert bei L. Nohl „Beethoven nach den Schilderungen seiner Zeitgenossen", S. 190. Zu Freudenbergs Abreise von Schlesien im

Ludwig Rellstab, der mit Beethoven im Jahre 1825 vielfach in Berührung gekommen war, hat uns manches Wort über Beethovens Wesen, seine Natur und auch sein Äusseres überliefert. Er schreibt anlässlich seines Besuches bei Beethoven, der damals in der Krugerstrasse wohnte: „So sass ich denn neben dem kranken schwermütigen Dulder. Das fast durchweg graue Haar erhob sich buschig, ungeordnet auf seinem Scheitel, nicht glatt, nicht kraus, nicht starr, ein Gemisch aus allem. Die Züge scheinen auf den ersen Blick wenig bedeutend; das Gesicht war viel kleiner, als ich es mir nach den, in eine gewaltsam geniale Wildheit gezwängten Bildnissen vorgestellt hatte ... ... Seine Farbe war bräunlich, doch nicht jenes gesunde, kräftige Braun, das sich der Jäger erwirbt, sondern mit einem gelblich kränkelnden Ton versetzt. Die Nase schmal, scharf, der Mund wohlwollend, das Auge klein, blassgrau, doch sprechend . . ."

Auch Marie Egloff (geb. Schindler) erzählte: „Schon damals, 1825, sah er wie ein recht alter Mann aus."[1])

Der Meister krankte bereits an seiner Todeskrankheit und sein Aussehen hatte sich schon in manchen Stücken verändert. Schindler sagt über diesen Punkt: „Bis zu vollendetem fünfzigsten Lebensjahre war der Gesamtausdurck von Beethovens Gesalt das erfreulichste Bild körperlichen Wohlbefindens und höchster Geisteskraft; ein Jupiter sah zuweilen aus diesem Kopfe heraus. Im einundfünfzigsten Lebensjahre begann infolge andauernden Unterleibsleidens die Abnahme, doch gab es bis um die Mitte des sechsundfünfzigsten der Intervalle noch viele, welche an die Zeit vor der eingetretenen Deklination erinnert haben." (Biographie II, S. 286.)

Juni 1825 erhielt ich Auskünfte durch den Tonkünstler Karl Lüstner. Lüstners und Freudenbergs Familien waren mit einander bekannt. (Freudenberg, geb. 1797, † 1869, war seit 1828 Oberorganist an der Maria-Magdalenakirche zu Breslau.)

[1]) L. Nohl „Musikalisches Skizzenbuch" (1866) S. 238.

Bevor wir aber alle die traurigen Erscheinungen der letzten Lebensjahre des grossen Beethoven uns im Bilde vergegenwärtigen, müssen wir noch eine Reihe von Bildnissen betrachten, die im Laufe der zwanziger Jahre noch vor jener allgemeinen Dekadenz entstanden sind.

Ein Medaillon mit dem Kopfe des Komponisten im Profil stammt aus der Zeit um 1823 und wurde von dem als Kunstsammler und Medailleur später bekannt gewordenen Josef Daniel Boehm nach der Natur modelliert.[1]) Die von ihm hergestellte Wachsbossierung ist nicht mehr erhalten, wohl aber ein danach gefertigter Gipsabguss. An die Entstehung dieses kleinen, von uns schon einmal erwähnten Porträts knüpfen sich mehrere Traditionen.[2]) Zunächst wird berichtet, dass Beethoven in den zwanziger Jahren dem Künstler Boehm mehrere Sitzungen gewährt hat.

J. A. Boehms Medaillon.

Einmal, so heisst es weiter, seien Beethoven und Boehm zusammen raschen Schrittes in die Wohnung des

---

[1]) Jos. Dan. Boehm ist 1794 geboren und 1865 gestorben. Hauptquellen für die Lebensgeschichte dieses Künstlers sind Hormayrs „Archiv für Geschichte, Statistik etc." von 1830 S. 205 ff. (vgl. dasselbe 1824 No. 128) und ein Abschnitt in Rud. v. Eitelbergers gesammelten Schriften. Daneben bieten manches die Lexika und Nachschlagebücher. Briefe die an Boehm gerichtet sind, fanden sich in der Autographensammlung von Alex. Posonyi in Wien. Bei Gelegenheit gebe ich eine ausführliche Studie über das Leben Jos. Dan. Boehms über dessen Gemäldesammlung ich schon im Repertorium für Kunstwissenschaft (XIII. 301 f.) und an einigen Stellen anderer Arbeiten vorläufige Mitteilungen gemacht habe.

[2]) Sie wurden mir gütigst mitgeteilt von Herrn Reg. R. Prof. C. Radnitzky, einem ehemaligen Schüler Böhms und dem früheren

Komponisten gekommen. Es handelte sich um eine weitere Sitzung. Als sie eintraten, war die Aufwärterin eben mit dem Kehrbesen beschäftigt. Der aufwirbelnde Staub verdross den ungeduldigen Tonmeister; mit raschem Griff erfasst er ein in der Nähe stehendes Wasserschaff und schüttet dessen Inhalt ohne viele Umstände durch das Zimmer hin um den Staub zu löschen.[1])

Erinnern wir uns an das, was über den Lebenslauf von Jos. Dan. Boehm in der Literatur bekannt ist, so müssen wir das erwähnte kleine Beethovenbildnis in die Zeit n a c h der Rückkehr Boehms aus Italien im Jahre 1822 und v o r die Abreise nach Italien im Jahre 1825 versetzen. Beethoven sieht denn auch hier nicht mehr so gesundheitstrotzend aus, wie etwa vor 1820 oder gar um 1814.

Nach einer Vergleichung mit dem Profil der Maske zu schliessen, ist die Arbeit Boehms nicht zu verwerfen, wenngleich die Lippen augenscheinlich missglückt sind. Auch das Hinterhaupt ist sicher nicht naturgetreu wiedergegeben, wie ich bei einer Vergleichung mit dem Profil an Beethovens Schädel gefunden habe. Dort lädt das Hinterhaupt viel weiter aus. Boehm scheint das Medaillon in Hinblick auf eine beabsichtigte Medaille hergestellt zu haben. Von einer tatsächlich ausgeführten Boehmschen Medaille auf Beethoven ist freilich nichts bekannt. Einige Züge der Wachsbossierung aus den zwanziger Jahren sind indes von Boehm später für das Modell benützt

---

Besitzer der oben erwähnten Form. Herrn Prof. Radnitzky verdanke ich auch einen Ausguss aus jener kleinen Form.

[1]) Ich habe diese Erzählung schon im Jahre 1880 in der „Neuen Zeitschrift für Musik" mitgeteilt und danach in der Leipziger illustrierten Zeitung vom 19. Dezember 1885 wiederholt, als ich in der Zeitschrift eine Abbildung des Boehmschen Medaillons publizierte. Ich kann es nicht vermeiden, hier nochmals von der Sache zu sprechen. Hinzugefügt sei hier noch, dass auch Herr Regierungsrat Friedrich Kenner, welcher ehedem zum Bekanntenkreise des Direktors Boehm gehört hat, die Szene mit dem Wasserschaff ebenfalls von Boehm hat erzählen hören.

worden, das er als Vorlage für den Stich in „Österreichs Ehrenspiegel" modelliert hat.[1])

Erinnert sei daran, dass Boehms Medaillon wahrscheinlich die Grundlage für die J. E. G a t t e a u x sche Beethovenmedaille gebildet hat. Sicher ist sie für den Beethovenkopf von R a d n i t z k y bestimmend gewesen. Gatteauxs Wachsbossierung befindet sich im Besitz E. Kastners in Wien.[2])

J. D. Boehm hat den Meister auch gezeichnet und das in recht charakteristischer Weise, wovon wir noch weiter unten zu sprechen haben.

Ungefähr zu derselben Zeit wie Boehms Medaillon ist ein anderes Beethovenbildnis entstanden, das ihm wohl an Kunstwert überlegen ist. „Zu Anfang des Jahres 1823 wünschte die Breitkopf und Härtelsche Verlagshandlung ein Bildnis von unserem Meister zu besitzen; W a l d m ü l l e r ,[3]) Professor an der Akademie, ward zu dessen Anfertigung gewählt." Schindler, der dies schreibt (Beethovenbiographie II, 290), hat schon im Jahre 1835 sich über die Angelegenheit dieses Porträts geäussert. In

---

[1]) „Österreichs Ehrenspiegel", herausgegeben von Blasius Höfel, Peter Ritter von Bohr und Alois Reitze, Wien 1836. Im Vorworte heisst es: „Die Modelle zu den Porträten besorgt Herr Daniel Boehm, k. k. Hofkammer-Medailleur". Der Stich ist in der sogenannten Reliefmanier ausgeführt nach einem Verfahren (ähnlich dem procédé Collas), das Höfel und Bohr erfunden hatten. Das Beethoven-Bildnis im Ehrenspiegel ist übrigens schlecht. Namentlich die Stirne und der Nasenrücken liegen in ihrer Gestalt weit ausser dem Bereiche aller Richtigkeit.

[2]) Hierzu „Die Musik" 1904.

[3]) Über G. F. W a l d m ü l l e r (geb. 1793, gest. 1865) vgl. die Österr. Nationalenzyklopädie, die Lexika von Nagler, Seubert, Wurzbach, die allgemeine deutsche Biographie, sowie Waldmüllers eigene Schriften, die in einer Studie über Waldmüller in meinen „Blättern für Gemäldekunde" Bd. I aufgezählt sind. Siehe auch L. Nohl: Beethovens Leben III, 901 f. Ich gebe hier nur ganz wenig Literatur, ohne im mindesten auf einzelnes einzugehen.

F. G. Waldmüller: Bildnis Beethovens aus dem Jahre 1823.
(Das Ölgemälde befindet sich im Besitz der Firma Breitkopf & Härtel in Leipzig.)

No. 2 der „Allgemeinen musikalischen Zeitung" jenes Jahres hatte der Redakteur derselben G. W. Fink einen ziemlich oberflächlich gehaltenen Artikel über einige Beethovenbildnisse drucken lassen. Das Porträt, das „der wackere Maler Waldmüller in Wien ... in Öl gemalt hat", wurde dabei gelobt, wenigstens die Originalaufnahme. Waldmüller soll das Bild aus dem Gedächtnisse mehrere Male wiederholt haben. Das für Härtel gemalte Bild sei vermutlich auch eine solche Wiederholung. Eine andere sei nach Darmstadt gekommen,[1]) wieder eine andere in Wien verblieben. Wo das Original gewesen, wird leider nicht mitgeteilt. Seine Porträtähnlichkeit wird aber bestimmt ausgesprochen. „Jenes erste Original war w i r k - l i c h der Beethoven," fährt Fink fort, „aber wie er aussah, wenn er unwirsch war, wenn er kiff und schalt und schmälte; wie in später Zeit freilich alle ihn nur zu oft haben sehen und hören müssen. Eben dies Unwirsche, Keifende und Polternde war nun von Waldmüller etwas stark aufgetragen . . ." Finks Urteil über das Bild ist also im ganzen kein ungünstiges.

Schindler dagegen erwiderte in derselben Zeitschrift nach einiger Zeit auf den ganzen Artikel und sagt dabei von unserem Bildnisse ganz rücksichtslos: „Das misslungenste Porträt Beethovens ist wohl unstreitig jenes von Waldmüller für Herrn Härtel gemalte." Wir nehmen

---

[1]) „Eine dieser Wiederholungen verfertigte er in [?] Darmstadt für den vorigen Grossherzog..." Diese Wiederholung ist mir noch nicht zu Gesicht gekommen. Bestimmte Kenntnis habe ich von dem Waldmüllerschen Beethoven-Bildnis im Besitze der Firma Breitkopf und Härtel (das ich selbst gesehen habe) und von einer Wiederholung im Besitze der Firma Fr. Kistner (durch gütige briefliche Mitteilungen von der genannten Firma). Bezüglich des erstgenannten Bildes wurde mir geschrieben: „Nach unserer Familientradition hat es unser Grossvater Härtel in Beethovens letzter Zeit beim Wiener Maler Waldmüller bestellt, von dem wir auch Gottfried Härtels eigenes Bild besitzen."

Schindlers Taxierung nicht mit grossem Vertrauen auf; in diesem Falle ebensowenig als früher, da es sich um sein Urteil über Klöbers und Stielers Beethovenbildnis handelte. Nur seine Mitteilungen über die Entstehung des Bildes, die kaum erfunden sein können, verdienen Beachtung. Schindler erzählt, wie Beethoven sich bei der Sitzung wenig ruhig gehalten hat. Zudem sei er besonders dadurch unwillig geworden, dass ihn der Maler ungünstig gesetzt habe; nämlich so, dass er gegen die Fenster blicken musste, „. . . und als vollends die treue, alte Haushälterin seine Lieblingsspeise, Maccaroni mit Käse, zu einem Brei verkochen liess, da musste die gute Alte der Blitzableiter sein — und es gab eine gewaltige Explosion, die nur von einer späteren im August 1823 zu Hetzendorf übertroffen wurde. Von einer zweiten Sitzung konnte also keine Rede mehr sein, so sehr sich Herr Waldmüller darum bemühte . . ." Der Maler vollendete also auch das Originalbildnis nach der Erinnerung.

Eine Duplik von G. W. Fink, die auf die vorzügliche Qualität a n d e r e r Bildnisse von Waldmüllers Hand hinweist, kann das Beethovenbildnis nicht retten. Es ist eben nicht ganz nach der Natur gemalt[1]) und kann demnach nur bedingungsweise Anerkennung finden. Doch will ich es immerhin gegen Schindlers Abtackelung vertei-

---

[1]) In seiner Beethoven-Biographie teilt Schindler den ganzen Vorgang noch ausführlicher mit. Er erwähnt auch, dass Waldmüller das Bild „aus der Phantasie fertig machte, weil er — wie er auf meine Gegenvorstellungen replizierte — das akkordierte Honorar von 20 Dukaten nicht missen könne. Ob dies künstlerisch-redlich gehandelt war, soll dahingestellt bleiben". Was Finks Hinweis auf andere vorzügliche Bildnisse von der Hand Waldmüllers betrifft, so wäre zu erwidern, dass der Schwerpunkt von Waldmüllers Schaffen mehr im Genre und in der Landschaft als im Bildnisse gelegen hat. Auch andere Porträte sind Waldmüllern misslungen. Ich erinnere nur an das von Grillparzer. Viele andere sind allerdings trefflich geraten.

digen. Ich sah das Bild auf der Wiener Ausstellung von 1892. Es ist von S i c h l i n g gestochen.[1]) Nach dem B i l d e s e l b s t z u u r t e i l e n , darf man trotz der Aufschlüsse über die Umstände der Entstehung, die Waldmüllersche Arbeit nicht so wegwerfend behandeln, wie es Schindler tut. Wenn ein wirklich bedeutender Künstler, wie doch Waldmüller gewiss einer war, ganz nach dem Gedächtnisse gearbeitet hätte, so würde für mich seine Zeichnung, sein Gemälde noch mehr Wert haben, als ein Produkt, an dem sich ein Stümper wochenlang mit grösstem Fleisse vor dem Original abgemüht hat. Ich bin der Meinung, dass wir Waldmüllers Beethovenbildnis recht wohl als einen Behelf benützen können, den Beethoven der zwanziger Jahre vor unserm geistigen Auge wieder lebendig zu machen. Dass Unwille oder Zorn aus dem Antlitze blickt, das uns Waldmüller geliefert hat, macht die Sache nur interessanter, statt ihr zu schaden. Wir wollen den Meister nicht immer sehen, wie er sich gibt, wenn er weiss, dass er porträtiert wird, sondern einmal auch so, wie er eben bei übler Laune gewohnheitsgemäss gewesen. Zudem können doch das graue Haar und das blutreiche, gut gefärbte Gesicht im Kolorit nicht ganz verfehlt sein.

---

[1]) Der Stich ist bezeichnet links unten, nahe den inneren Einfassungslinien: „gem. v. Waldmüller", rechts symmetrisch: „gest. v. L. Sichling", weiter aussen noch mehrere Einfassungslinien. Unter diesen erst der Titel: „L. van Beethoven". Ganz unten mitten die Verleger- und Druckerei-Adressen: „Verlag von Breitkopf & Härtel in Leipzig — Druck von F. A. Brockhaus". Der Stich gehört zu einer Reihe von Tonkünstlerbildnissen. Auf den Waldmüllerschen Beethoven-Typus geht ein Holzschnitt aus Neumanns Anstalt zurück, ferner ein Blatt von Flethe für den Kunstverlag in Karlsruhe (in 4⁰), eine Heliogravüre in der Zeitschrift „Die graphischen Künste" X. Bd. S. 73, eine Abbildung in der Zeitschrift für bildende Kunst N. F. IV. Bd. in Werkmeisters Bildniswerk und in meinem „Beethoven".

Manche Mängel liegen indes in Waldmüllers Arbeit klar zutage. Die untere Gesichtshälfte ist viel zu lang, beziehungsweise zu hoch, besonders aber das Kinn, das noch überdies jene Eigentümlichkeiten vermissen lässt, die wir an der Maske so deutlich ausgesprochen finden. Der Mund als solcher, die Nase für sich, die vertikalen Furchen über der Nasenwurzel und wohl auch anderes, ist ganz gut. Leider ist durch die angedeuteten Mängel der Gesamteindruck schon böse geschädigt. Das graue Haar dürfte wohl am leichtesten nach der Erinnerung fertig zu stellen gewesen sein. Es ist lang und scheint von Kamm oder Pomade nicht eben belästigt. Die Tracht ist dagegen sicherlich auf Waldmüllers Bild nicht nach der Natur gemalt, so dass wir nicht näher auf den dunkelblauen Rock mit schwarzsamtenem Kragen, auf das gelbe Gilet und die weisse Binde einzugehen brauchen und sie nur im allgemeinen anführen. Dafür sei erwähnt, dass auf der Kehrseite des Bildes zu lesen ist „Waldmüller 1823", ein alter Vermerk, der Schindlers Angabe bestätigt.

Mehrere Z e i c h n u n g e n , die uns den Beethoven der zwanziger Jahre vorstellen (also den Beethoven der neunten Symphonie und der letzten Quartette), haben das Gemeinsame, dass sie den M e i s t e r in g a n z e r F i g u r wiedergeben.

Eine Zeichnung von L y s e r bietet uns ein Bild des Komponisten, wie er in raschem Gange begriffen ist. Die Hände sind auf den Rücken gelegt, der Oberkörper ist etwas vorgebeugt, der Kopf aber wird aufrecht getragen, so dass der Zylinderhut, der stark aus dem Gesichte geschoben ist, in eine etwas geneigte Lage kommt. Man beachte nebstbei, dass Beethoven hier Schuhe trägt. Die Figur, die Lyser gezeichnet hat und die wir hier nachbilden, scheint sich in kurzen raschen Schritten zu bewegen. Das passt zur Schilderung des Ganges, wie sie Sporschill entwarf. Dr. Gerhard von Breuning, der als

Knabe den grossen Tonmeister noch oftmals gesehen hat, teilte in seinem Buch „Aus dem Schwarzspanierhause" mit, dass die Art, wie Beethoven auf der Lyserschen Zeichnung ausschreitet, wohlgetroffen ist. Nicht

dasselbe könne man vom Antlitz auf dem Lyserschen Blatte behaupten.[1]) Das Gesicht ist denn auch ganz

---

[1]) Die Lysersche Zeichnung ist schon seit Jahren lithographiert. Eine verkleinerte Wiedergabe ist dem Artikel „Beethoven" in G. Groves Musiklexikon beigegeben. Im Verlage von E. H. Schroeder in Berlin ist ein Kupferstich erschienen (um 1860), der mit der

merkwürdig aufgefasst, fast karikiert, wie die ganze Figur. Die Nase, die Lyser gezeichnet hat, lässt es begreiflich erscheinen, dass sie von mehreren Stimmen aus den zwanziger Jahren als „eckig" bezeichnet wird. Auf der alten Lithographie, die unserer Abbildung zugrunde liegt, steht unten: „nach einer Originalzeichnung". Wo diese gegenwärtig steckt, kann ich nicht mit Bestimmtheit angeben. Die Bleistiftzeichnung, die vor etwa einem Dezennium durch C. F. Pohl in die Sammlung der Gesellschaft der Musikfreunde in Wien eingereiht worden ist, könnte das gesuchte Original sein, geht aber doch mit der Lithographie nur ganz im allgemeinen zusammen.

älteren Lithographie fast gänzlich übereinstimmt und wahrscheinlich nach dieser hergestellt ist. Man teilt mir mit, dass dieser Stich von Eduard Mandel gefertigt ist. Der Beethovenkopf rechts oben auf dem Stiche findet sich reproduziert in Schorers „Familienblatt" 1881, I. Bd., No. 26. Bezüglich Lysers bemerke ich, dass er zu Flensburg 1804 geboren ist (nach E. M. Oettingers „Moniteur des dates"). Als Robert Schumann die „Neue Zeitschrift für Musik" herausgab, war Lyser Mitarbeiter derselben. Im Jahrgang 1834 stehen novellistisch gehaltene Artikel von ihm. Von den Davidsbündlern wurde er Fritz Friedrich genannt (vgl. Jansen: Davidsbündler S. 15, 29, 32, 169 ff., 219, 226, 240). 1834 war Lyser taub geworden. Seine Beziehungen zu Beethoven sollen von E. Ranzoni im „Wanderer" besprochen sein, doch fehlt mir bisher das genaue Zitat. Nach einer gütigen Mitteilung des Fräuleins H. Lyser, der Tochter des Künstlers, war dieser auch in der Zeit von 1845 bis 1851 in Wien. Damals redigierte er auch die Zeitschrift „Österreichs Parole. Schutz für Wahrheit und Recht gegen Pressfreiheit" (vgl. Ant. Mayer: Buchdruckergeschichte Wiens II. 228). Äusseres und inneres Missgeschick brachten ihn damals um seine Ersparnisse. Er kehrte in seine Heimat nach Holstein zurück, wo er 1859 oder 1860 starb. Der angesehene Schriftsteller Gustav Lyser ist ein Sohn Johann Peter Lysers. Vgl. auch „Neue Zeitschrift für Musik" 1886 S. 443, L. Nohl „Das moderne Musikdrama" S. 169 ff. „Neue Wiener Musikzeitung" (Verlag V. Kratochwill) vom 20. März 1890. Zeichnungen von Lyser sind auch im Fuchsschen Verzeichnis beschrieben.

Der Name Lyser darauf ist nicht von der Hand des Zeichners, sondern, wie mich der jetzige Archivar E. Mandyczewski versichert, von der Hand C. F. Pohls darauf ge-

Lysers Zeichnung für die „Cäcilia".

setzt.[1]) Es gibt noch eine schreitende Beethovenfigur, die

---

[1]) Vgl. hierzu meinen Artikel „Neue Erscheinungen auf dem Gebiet der Beethovenbildnisse" in der „Neuen Wiener Musikzeitung". 20. März 1890. Was vor Jahren (ca. 1880) in München

in allem Wesentlichen mit der bekannten Lyserschen Lithographie übereinstimmt. Diese Figur kommt als Illustration des T a s c h e n b u c h e s f ü r F r e u n d e d e r T o n k u n s t v o r, d a s L y s e r 1 8 3 3 z u H a m b u r g mit dem Tietel „C ä c i l i a" herausgab. Die Figur Beethovens sieht also hier ungefähr ebenso aus, wie auf unserer vorhergehenden Abbildung, nur ist sie noch flüchtiger gezeichnet. Auch ist ihr ein architektonischer Vordergrund, mittlerer Plan und ein Hintergrund mit einem Park, einem Hause und zwei Personen beigegeben. Die wenigen Zeilen, die Lyser im Text über diese Beethovenfigur mitteilt, geben uns einen Anhaltspunkt für die Datierung. Es ist von den „letzten Lebensjahren" Beethovens die Rede. Lyser sagt, dieser Beethoven sei „treu nach der Natur gezeichnet, wie er in den letzten Jahren seines Lebens durch die Strassen Wiens mehr s p r a n g u n d l i e f d e n n g i n g."

Wie der Meister sinnend stehen bleibt bei einem Spaziergange, so hat ihn der Maler Martin T e j c e k dargestellt.[1]) Er soll den Meister bei seinen Spaziergängen auf dem Glacis oder auf den Basteien beobachtet und seine Gestalt festzuhalten versucht haben.[2]) Zunächst eine

---

als Originalzeichnung aufgetaucht ist und später sogar einen Käufer gefunden hat, war nichts anderes als eine Nachzeichnung nach der Lithographie. Vgl. hierzu meine Bemerkungen in Janitscheks „Repertorium für Kunstwissenschaft" XII. S. 178.

[1]) Bezüglich Tejčeks vgl. Dlabacs „Allgemeines historisches Künstlerlexikon für Böhmen" (Prag 1815), wo die „Prager Zeitung" von 1803, No. 13, als Quelle benützt ist, und Naglers Künstlerlexikon. Wurzbachs biographisches Lexikon lässt den Künstler zu Prag um 1780 geboren und ebendort 1847 gestorben sein. Ferner zu vergleichen „Kunstblatt" 1824 S. 207 f. und 1825 S. 158 f. und „Mitteilungen des Vereins für Geschichte der Deutschen in Böhmen", Artikel „Berglerschüler" von Rudolf Müller, F. H. Böckh „Merkwürdigkeiten der Haupt- und Residenzstadt Wien" (1823) I, S. 540.

[2]) Beethoven ist schon früher einmal hinterlistigerweise porträtiert worden, wie aus einem seiner Briefe an Christine

Tuschzeichnung, dann eine, nunmehr schon selten gewordene, Lithographie (in Folio) war das Ergebnis dieser Bemühungen.[1]) Beethoven steht in ganzer Figur vor uns, im Halbprofil nach links gewendet, den Kopf ein wenig gegen die linke Schulter neigend. Auch hier sehen wir den Zylinder bis über die Haargrenze hinaufgeschoben. Auch sind die Hände auf den Rücken gelegt. Sie halten ein gefaltetes Blatt, auf dem Notenlinien sichtbar sind. Die Kleidung scheint eine saubere zu sein von den dunklen Schuhen bis zu den Vatermördern: die Beinkleider mit Strippen, der langschössige Rock, der Jabot, die Binde. Weniger geordnet erscheint die nur halb zugeknöpfte Weste, am wenigsten die Frisur. Eine verkleinerte photographische Nachbildung der Lithographie,[2]) die, wie wir übrigens bemerken wollen, erst in den vierziger

---

Gerardi (Nohl „Neue Briefe", S. 5) hervorgeht. Wer war damals der Missetäter?

[1]) Nach einer brieflichen Mitteilung von Herrn Kunsthändler Johann Schindler in Prag. Herr Schindler teilte mir 1880 alles mit, was Prof. Lhota noch über die Angelegenheit des Tejčekschen Beethoven-Bildnisses wusste. Die Tuschzeichnung wurde später von Tejček Herrn Prof. Jos. Graff in Prag zum Geschenk gemacht. Graff liess sie auf Stein zeichnen. Nach dem Steindrucke wurde dann eine Photographie genommen, die in Schindlers Verlag erschienen ist.

[2]) Der erwähnte Steindruck trägt die Bezeichnung links unten nahe der Einfassungslinie: „Teyček lith. Prag 1841". Rechts unten an symmetrischer Stelle lesen wir: „Gedr. bei A. Machek". Noch weiter unten steht die Adresse: „Prag bei Joh. Hoffmann". In der Mitte ist Beethovens Name nach seiner Handschrift faksimiliert: „Ludwig van Beethoven". Lenz in „Beethoven eine Kunststudie" I (1855) S. 283 gibt eine knappe Beschreibung der Tejčekschen Beethovenfigur, die er mit der Lyserschen zusammenstellt, ohne Lyser ausdrücklich zu nennen. Neuestens ist die Beethovenfigur von Tejček wiederholt nachgebildet worden, irrtümlich als Lysers Werk auf einer Bildkarte in Hermann Vogels Verlag (Leipzig), ferner als unbekannt in der Gazette des beaux arts 1899 I S. 137, mit Angabe des Künstlernamens in der Rivista musicale italiana.

Jahren ausgegeben wurde, ist in Visitkartenformat und noch einmal etwas grösser angefertigt worden.

Über die Zeit, wann Tejcek die Zeichnung entworfen

Beethoven nach Tejček (verkleinert).

hat, lässt sich bestimmtes nicht aussagen. Man weiss indes, dass der Maler, der seine künstlerische Erziehung in Prag genossen hat, in den zwanziger Jahren sich in Wien aufhielt. Die „Merkwürdigkeiten der Haupt- und Residenzstadt Wien" (I, S. 540), die u. a. auch über die Künstleradressen Wiens für die Jahre unmittelbar vor 1823 Auskunft geben, verzeichnen den Maler Martin „Teiczek" als „Vizedirektor des lithogaphischen Institutes" und als „Landschaftszeichner" („Hernals No. 10."). Auch andere Quellen bringen den Künstler mit der Landschaftsmalerei in Verbindung.[1]) Demnach wird es uns nicht wundernehmen, in dem Beethovenbildnisse, das Tejcek gezeichnet hat, nicht das Produkt eines gewandten Porträtmalers wiederzuerkennen, sondern ein Bild, das mit Vorbehalt aufgenommen werden muss.

Um so erfreulicher war die Mitteilung, die mir Herr Regierungsrat Friedrich Kenner im März des Jahres 1892 machte, dass er bei sich zwei Bausen bewahre, welche die ganze Figur Beethovens zur Darstellung bringen und nach alten Naturstudien gezeichnet sind. Die Originalzeichnungen befanden sich im Besitz des Graveurs J o s. D a n. B o e h m, der ohne Zweifel auch der Urheber der Zeichnungen selbst ist. Er hat sie als Studien für ein graviertes Silberplättchen entworfen, auf dem die erwähnten beiden Beethovenfiguren dargestellt sind. Auf dem Silberplättchen befinden sich die Initialen des Namens L. v. Beethoven „L. v. B." und überdies das Monogramm Jos. Dan. Boehms „J. D. B.", womit ebenso die Darstellung, wie deren Autor bestimmt sind. Das Plättchen befand sich in der Wiener Sammlung Trau, wo ich es 1895 gefunden und

---

[1]) So Rudolf Müller (Reichenberg) in den „Mitteilungen des Vereins für Geschichte der Deutschen in Böhmen" (redigiert von Dr. Ludwig Schlesinger) in dem Artikel „Bergler-Schüler". „... Martin Tejček, welcher in Adelskreisen das Ansehen eines wissenschaftlich gebildeten Künstlers genoss... Seine künstlerischen Leistungen reihen ihn unter die Vedutenmaler." R. Müller macht hierauf mehrere Landschaften von Tejček namhaft, darunter eine noch aus dem Jahre 1840. Tejčeks Beethovenbildnis findet Erwähnung auch bei V. Wilder in seinem „Beethoven, sa vie et son oeuvre", Paris 1885. (S. 185.)

Beethoven nach einer Zeichnung von Jos. Dan. Boehm.

diagnostiziert habe.¹) Wir sahen Boehm zwischen 1822 und 1825 in Verbindung mit Beethoven. Aus jenen Jahren werden wohl auch die zwei Zeichnungen herstammen.

Beethoven nach einer Zeichnung von Jos. Dan. Boehm.

Diese Ansichten des schreitenden Beethoven werden hier genau in der Grösse der gebausten Vorlage eingefügt,

---

¹) Vgl. J. J. Webers Illustr. Zeitung No. 2559 vom 16. Juli 1892, S. 76, die „Deutsche Kunst und Musikzeitung" (von Ad. Robitschek) XXII. (1895) No. 25, nochmals die Illustr. Zeitung

um die Gesalt Beethovens, soweit es mit solchen Hilfsmitteln möglich ist, vor unseren Augen gleichsam wieder erstehen zu lassen. Die Gesichtszüge sind gewiss bei Boehm und nicht minder bei Tejcek ungefähr ebenso wenig zuverlässig, als bei Lyser. Von Beethovens Kopf, insbesondere von seinem Antlitz, haben wir übrigens unbedingt eine viel klarere Vorstellung, als von seiner ganzen Figur, die wir uns nach den zeitgenössischen Stimmen kurz und gedrungen vorzustellen haben.

Was uns noch zu betrachten bleibt, das sind nur Köpfe und Brustbilder. Zunächst reihe ich hier eine undatierte Kreidezeichnung ein, die sich 1887 bei Herrn Ed. Hippius in Moskau befunden hat. Sie ist vom Grossvater des Genannten in den zwanziger Jahren entworfen worden und stellt den Kopf Beethovens dar. Wie ich erfahre, soll der Meister zu diesem Bildnisse gesessen haben. Besondere Vorzüge wüsste ich der Zeichnung, die mir durch eine Photographie bekannt geworden ist, nicht nachzurühmen.[1])

Ein Profilkopf, der nach der Signatur von Wilhelm Lindenschmidt (dem älteren) gezeichnet wäre, ist durch einen Holzschnitt von August Neumann in La Maras Skizze „Ludwig van Beethoven" (1870) bekannt geworden. Der ältere W. Lindenschmidt war 1823 bis 1825 Schüler der Wiener Akademie. Als Vorlage zum Holzschnitt wird eine Handzeichnung ohne weitere Angaben erwähnt. Die Stirn dieses Beethovenprofils scheint wohl getroffen, weniger die Nase und der Mund. Das Haar ist wirr und dicht.

---

20. April 1895, S. 459 im „Briefwechsel mit Allen und für Alle" und „Rivista musicale italiana" 1897.

[1]) Die Kenntnis des Bildes verdanke ich der gütigen Vermittlung von Bruckmanns artistischer Anstalt in München. Der Kopf soll fast lebensgross gezeichnet sein. Der Zeichner Hippius ist wohl derselbe, der auch A. S. Puschkin porträtiert hat.

Wir kommen nunmehr schon zu jener Lebensperiode Beethovens heran, in der ein körperlicher Verfall des Meisters nicht mehr zu verkennen ist. Aus Rellstabs Schilderung entnehmen wir, dass der 55jährige Beethoven auch äusserlich schon die Spuren der Jahre an sich trägt. Wie Rellstab sich ausdrückt, war der Charakter des stummen schweren Schmerzes auf Beethovens Antlitz ausgeprägt. Dieser war aber „nicht die Folge des augenblicklichen Unwohlseins, da ich diesen Ausdruck auch nach Wochen, wo sich Beethoven viel gesunder fühlte, immer wiederfand", sondern es war vielmehr unbedingt der schmerzliche Zug in Beethovens Antlitz bleibend geworden. Auch seine Gestalt macht nicht mehr den Eindruck des Robusten. Eine Lady z. B., die ihn im Oktober 1825 besuchte, beschreibt Beethoven als „sehr kurz gebaut, ausserordentlich mager ... und aufmerksam genug auf seine persönliche Erscheinung."[1] Braun von Braunthal dagegen spricht vom Beethoven des Jahres 1826 als von einem „Manne mittlerer Grösse, sehr gedrungener Gestalt, dessen wahrhaften Löwenkopf mähnenartige graue Haare umstrotzen; die Blicke aus scharfen, geistreichen Augen unstät umhersendend, in seinen Bewegungen schwankend, gleich, als wandelte er im Traume."[2] Der schwedische Dichter Atterbom,[3] der Beethoven wieder im Jahre 1826 zu besuchen Gelegenheit hatte, schildert uns den Ton-

---

[1] Hier nach Schindlers: „Beethoven in Paris", S. 175. Die ursprüngliche Mitteilung steht im „Harmonicon" von 1825. Indes erfahren wir aus den Konversationsheften, dass Beethoven in der später so berühmt gewordenen Akademie keinen schwarzen, sondern einen grünen Frack an hatte. (Nohl: Beethoven, Liszt, Wagner, S. 121).

[2] L. Nohl: „Beethoven nach den Schilderungen seiner Zeitgenossen". Nohl schöpft hier vermutlich aus der Abendzeitung, Dresden-Leipzig 1842 No. 3.

[3] Vgl. Nohl a. a. O. S. 233 ff.

setzer, wie er zu jener Zeit zu Hause an der Arbeit war. Er besucht den Meister, der damals schon im Schwarzspanierhause wohnte, wird aber beim Eintreten von ihm begreiflicherweise nicht gehört, zufälligerweise aber auch nicht gesehen. Den Anblick, der sich ihm darbietet, schildert er so: „An der uns entgegenstehenden Wand, an welcher kolossale, mit Kohle rastrierte Papierbogen klebten, stand, uns den Rücken zugewendet, Beethoven — aber wie? Es mochten ihm an dem übermässig heissen Sommertage die Kleider zu unbequem geworden sein, und so hatte er sie abgelegt und schrieb, nur mit einem kurzen Hemde angetan, zuweilen mit rotem Stifte flüchtige Noten an die Wand. Dann trat er vor und zurück, taktierte wohl auch und schlug auf seinem saitenlosen Klaviere einige Tasten an ..."

S c h i n d l e r weist in seiner Beethovenbiographie (II, 126) auf die g e b e u g t e H a l t u n g des Meisters hin infolge des Kummers und der Aufregungen zur Zeit, als der Neffe Karl im Jahre 1826 einen Selbstmordversuch ausführte.[1]) Durch den angedeuteten Schicksalsschlag hat Beethovens Aussehen gewiss bleibend gelitten. Die schon weit vorgeschrittene Leberkrankheit hinderte es, dass er sich danach wieder aufgerichtet hätte.

Auf die letzten Jahre des Meisters beziehen sich auch die Miteilungen G. v. Breunings: „Beethovens äussere Erscheinung hatte, der ihm ganz eigentümlichen Nonchalance in der Bekleidung wegen, auf der Strasse etwas ungewöhnlich Auffälliges an sich. Meist in Gedanken vertieft und ... vor sich hinbrummend, gestikulierte er, wenn er allein ging, nicht selten mit den Armen dazu. Ging

---

[1]) Karl van Beethoven hat eine unruhige etwas lockere Jugend verlebt, wurde aber späterhin ein ausgezeichneter Familienvater. Bezüglich des Selbstmordversuches vgl Schindler II, S. 126 f. und zahlreiche Stellen in L. Nohls Aufsätzen und Büchern, sowie die 2. Aufl. meines „Beethoven".

er in Gesellschaft, so sprach er sehr lebhaft und laut." Häufig musste man stehen bleiben, wenn man mit Beethoven ging, da dem Meister die Antworten auf seine Fragen in das Konversationsheft geschrieben werden mussten, „was an und für sich schon auffällig war und durch allenfalls noch mimisch geäusserte Antworten noch auffälliger wurde." G. von Breuning, der dies in dem Buche „Aus dem Schwarzspanierhause" (S. 63 f.) erzählt, gibt noch weitere Mitteilungen über das Benehmen und das Äussere des Meisters. „Der damals übliche Filzhut, den er beim Nachhausekommen, wenn auch von Regen triefend, nur nach leichtem Ausschwenken . . . über die oberste Spitze des Kleiderstockes schlug, hatte infolge dessen in seinem Deckel die Ebene verloren und war davon gewölbt nach oben ausgedehnt." Breuning sagt dann, wie Beethoven den Hut „nach Tunlichkeit aus dem Gesichte hinaus" getragen habe, um die Stirne frei zu haben, „während beiderseits die grauen, wirren Haare . . . nach aussen flogen. Durch das Aufsetzen und Tragen des Hutes weit aus dem Gesichte nach hinten bei hochgetragenem Kopfe kam die rückwärtige Krempe in Kollision mit dem damals sehr hoch zum Hinterhaupte ragenden Rockkragen." Die Krempe wurde dadurch aufgebogen, der Kragen abgeschabt. „Die beiden ungeknöpften Rockflügel, zumal jene des blauen Frackes mit Messingknöpfen, schlugen sich nach aussen, besonders beim Gehen gegen den Wind, um die Arme um . . ." Die Zipfel des weissen Halstuches flatterten nach aussen. „Die Doppellorgnette, die er seiner Kurzsichtigkeit wegen trug, hing lose herab, Die Schösse des Rockes aber waren ziemlich schwer beladen; denn ausser dem oftmals hervorhängenden Taschentuche einerseits stak anderseits darin ein durchaus nicht dünnes zusammengefaltetes Notenheft (in Quarto), dann noch ein (kleineres) Koversationsheft nebst dickem Zimmermannsbleistift." Breuning gibt

Deckers Zeichnung.

hierzu eine Anmerkung, die von Beethovens Unbeholfenheit spricht und seine „mehr plumpen Finger" erwähnt, die wohl nur grobe Bleistifte zu spitzen vermochten.

In früherer Zeit hat Beethoven ausser den genannten Utensilien auch ein Hörrohr bei sich getragen. „Die hier skizzierte Äusserlichkeit," schreibt Dr. von Breuning, „hat sich meinem Gedächtnisse unauslöschlich eingeprägt. Gar oft sah ich ihn so ... in seiner gewohnten vorhängenden (nicht aber gebeugten) Körper- und gehobenen Kopfhaltung, seiner Wohnung zusegeln." Auf das Jahr 1825, als der Knabe Breuning den Meister zum ersten Male sah, beziehen sich die beschreibenden Worte: „Sein Aussehen war kräftig, die Statur mittelgross, sein Gang energisch, wie seine lebhaften Bewegungen; der Anzug so wenig elegant als eben bürgerlich ..."

Trotz der Ausführlichkeit, mit der Breuning vieles an Beethovens Äusserem beschrieben hat, ist es schwer, sich einen richtigen Begriff davon zu machen, wie Beethovens A n t l i t z in jener Zeit ausgesehen hat. Krankheit, innerer und äusserer Unfriede, endlich doch auch die Jahre selbst, haben offenbar die Züge des Meisters soweit verändert, dass wir nicht mit demselben Erfolge wie früher zur Maske greifen können, um nach ihr die verschiedenen Bildnisse im Geiste zu korrigieren. Eine zweite Maske, die vom toten Beethoven genommen ist, kann uns hier nicht dieselben Dienste tun. Denn diese ist nicht einmal eine zuverlässige Totenmaske, wie es viele ganz brauchbare von anderen Persönlichkeiten gibt, sondern zeigt uns nur das in sehr wesentlichen Stücken verzogene, fast verstümmelte Antlitz Beethovens. Wir werden davon noch hören. Die Bildnisse aber, die wir noch zu betrachten haben, sind mit geringer Ausnahme nicht gut. Noch dazu haftet an einigen der gegründete Verdacht, dass sie gar nicht mehr zu Lebzeiten Beethovens entstanden sind.

Wenn dieser Verdacht auch bei dem nunmehr zu besprechenden Bildnis wegfällt, so ist doch dessen Entstehungszeit nicht ganz sichergestellt. Es ist das Blatt, das Stefan Decker[1]) gezeichnet hat, ein Brustbild, mit dem Hauptprofil des Tonmeisters . Das Antlitz erscheint eher mager denn wohlgenährt. Es ist nach der Natur gezeichnet, und zwar in der Zeit zwischen dem Herbste 1825[2]) und Beethovens letzten Tagen. Das Original befand sich längere Zeit bei Verwandten des Künstlers in Salzburg dann in Klagenfurt, später beim Sohne, Herrn Georg Decker, in Wien und bei Herrn Dr. G. Jurié von Lavandal ebendort. Der gegenwärtige Besitzer des wertvollen Blattes ist der bekannte Wiener Sammler Dr. August Heymann. Er hat die Deckersche Zeichnung vor kurzem der Wiener Miniaturausstellung in den Räumlichkeiten des Ministerpräsidiums zur Verfügung gestellt und mir die Nachbildung freundlichst gestattet. Im Jahre 1827 stach Jos. Steinmüller[3]) die Deckersche Zeichnung für den Verlag von Artaria. In der Zeit, während der Stecher arbeitete, war Beethoven gestorben, so dass

---

[1]) Vgl. über Stefan Decker (geb. 1784, gest. 1844) Hormayrs Archiv von 1821 (No. 130 und 150) und die Lexika von Nagler, Wurzbach und Seubert. Stefan Deckers Beethoven-Bildnis wird auch erwähnt in einem Nekrolog seines Sohnes Franz Decker. (Vgl. „Deutsche Kunst- und Musikzeitung" von Joh. Kiebeck; Nummer vom 19. April 1886.)

[2]) Damals bezog Beethoven seine Wohnung im Schwarzspanierhause. Die Tradition sagt, dass Decker den Meister in jener Wohnung gezeichnet hat. Von der Unordnung in den Zimmern wird berichtet, in denen Weinflaschen umhergestanden und gelegen haben sollen. Die Originalkreidezeichnung ist rechts unten mit Deckers Namen bezeichnet, aber nicht datiert.

[3]) Über Jos. Steinmüller (geb. 1795, gest. 1844) vgl. Hormayrs Archiv 1821, No. 130 und 131, Tschischka: „Kunst und Altertum im österr. Kaiserstaate", S. 350, Naglers, Wurzbachs, Seuberts Lexika, Pietzniggs „Mitt. aus Wien" 1832, I, S. 121. Auch J. Hellers „Praktisches Handbuch für Kupferstichsammler". An den Beet-

man sich veranlasst sah, unter Beethovens Brustbild eine bildliche Anspielung auf das Hinscheiden des Meisters anzubringen.[1]) Eine Lyra mit gerissenen Saiten und umschlungen von einem Lorbeerkranze wurde hingezeichnet. Erst im Oktober 1827 konnte das Blatt ausgegeben werden.[2])

Es ist nicht leicht, sich ein Urteil über dieses Porträt zu bilden. Eine auffallende Übereinstimmung, die es mit

hoven-Typus dieses Stiches schliessen sich viele spätere Blätter an, so eine Lithographie von Ch. Vogt, Fol., ein kleiner Stich von F. Randel, sowie ein Blättchen mit der Bezeichnung „G. Buccinelli inci" (in den „Studii di Beethoven ossia trattato d'armonia e di compositione, prima versione italiana con note di Fetis e Rossi", Milano, G. Canti). Dieses geht allerdings wahrscheinlich auf eine erst zu nennende Lithographie Kriehubers zurück. Denselben Typus repräsentiert auch der kleine Konturstich für die „Biographie universelle" (Tom LVII, p. 450) 8°, unten rechts steht „Reveil". Eine, wie es scheint, im lithographischen Institute zu Wien gedruckte Lithographie, trägt offenbar irrtümlich die Bezeichnung „Decker 1824"; (sic!) rechts steht: „Lith. Inst. in Wien". (Die Vier von verdorbener Form.) An den Deckerschen Typus schliessen sich ferner an: eine Lithographie von G. Kauffmann nach einer Zeichnung von Küstner, ein Stich (mir nur in anonymem Zustande bekannt), der dem Stuttgarter Beethoven-Album von 1846 als Titelblatt vorangestellt ist, auch ein anoymer Stich: „Ludwig van Beethoven im mittleren Lebensalter" (gr. 8⁰ ohne Adresse) sowie einige andere, über die ich keine besonderen Notizen gesammelt habe.

[1]) Nach Aussage des Kaiserl. Rates August Artaria.

[2]) Wie mir der Rat August Artaria freundlichst mitteilte, war das Blatt im Oktober in der „Wiener Zeitung" angezeigt. Ich finde es dann auch angezeigt in der „Allgemeinen musikalischen Zeitung" 1827, No. 45 (S. 765). Es heisst dort: „Vor kurzem ist... erschienen..." Der Stich ist „Seiner kais. königl. Hoheit und Eminenz dem durchlauchtigsten und hochwürdigsten Herrn, Herrn Erzherzog Rudolf von Österreich, Kardinal und Erzbischof von Olmütz usw. in tiefster Ehrfurcht gewidmet von den Verlegern". Nahe dem untern Plattenrande steht links: „Eigentum und Verlag der Kunsthandlung", dann mitten die Adresse und Verlagsnummer: „Artaria & Comp. in Wien, No. 1151". Bezeichnet ist der Stich links: „Decker del.", rechts: „Steinmüller sclp." Artaria besitzt einen Zustand vor aller Schrift.

einem Steindrucke von Kriehuber erkennen lässt, scheint zunächst zugunsten des Blattes zu sprechen. Man könnte meinen, sie seien alle beide gut getroffen. Nun ist aber diese Übereinstimmung so weitgehend, dass ich geradewegs den Verdacht ausspreche, Kriehuber hätte in diesem Falle nicht nach der Natur, nicht nach einer Büste (wie es heisst), sondern nach der Deckerschen Zeichnung lithographiert. Der Kriehubersche Steindruck, den ich hier meine, ist der, welcher das Titelblatt zu Schlossers kleiner Beethovenbiographie bildet. Buch wie Titelbild sind augenscheinlich sehr rasch hergestellt in der Zeit zwischen dem Tode des Meisters am 26. März 1827 und ungefähr dem Juni desselben Jahres, in welchem Monate die Vorrede Schlossers[1]) geschrieben ist. (Das Buch selbst ist wohl erst gegen Ende des Jahres erschienen und trägt die Jahreszahl 1828.) Man hatte nicht viel Zeit, Studien über gute Bildnisse des Komponisten anzustellen und nahm, was eben zur Hand war. Wenn Schlosser in seiner Vorrede ausdrücklich sagte, dass sein Titelbild nach einer der beiden Beethovenbüsten von Dietrich gezeichnet ist, so war er damit wohl in einem grossen Irrtume befangen. Von einer Beziehung zu jenen plastischen Werken kann man in Kriehubers Lithographie nicht das mindeste entdecken. Wir müssen es für sehr wahrscheinlich halten, dass das Kriehubersche Beethovenbildnis von 1827 nach der Deckerschen Zeichnung oder nach einem Probedruck des Steinmüllerschen Stiches hergestellt ist. Auch Schindler hält diesen Kriehuberschen Typus für eine Nachahmung dessen von Steinmüller und Decker. Sein Urteil möge hier Raum finden (vgl. Beet-

---

[1]) Die Vorrede von Schlossers Beethoven-Biographie ist dadiert „Wien im Junius 1827". Die Lithographie zeigt Beethovens Brustbild in halbem Profil nach links. Höhe des Kopfes vom Kinn bis zum Schopf 0,052. Rechts unten die Bezeichnung: „Lith: Kriehuber".

hovenbiographie, II, 293). Zunächst wird von Steinmüllers Blatt gesprochen. „Der schreiende Kontrast zwischen diesem Phantasiestück und der Lithographie nach Stieler ... vermag allein schon dessen Wert zu bestimmen. Den Meister vollends mit kurzgeschnittenen Haaren abbilden, heisst den Löwen mit abgeschnittener Mähne darstellen. Auch stellt dieses Bildnis Beethoven viel zu alt dar und im charakteristischen Ausdrucke hat es mit einem Schöpfer grosser Kunstwerke nichts gemein. Eine Nachahmung hat Kriehuber, der Meister im Konventionellen, bei Halsinger erscheinen lassen. Auf dieser Lithographie" (es ist die gemeint, die 1832 ausgegeben worden ist; die von 1827 scheint Schindler gänzlich zu vergessen) „präsentiert sich eine s c h w a r z e Halsbinde. Es war kein Bedenken getragen, dieses Kleidungsstück nach der neuesten Mode anzufertigen. Die w e i s s e Halsbinde ... in welcher man denn auch unsern Beethoven stets gesehen, scheint dem Lithographen ein Verstoss gegen die kosmetische Richtigkeit in der Gewandung gewesen zu sein." Schindler vergisst hier wieder, dass Kriehubers Lithographie von 1827 ganz richtig eine weisse Halsbinde zeigt, was uns übrigens recht kalt lässt, besonders deshalb, weil ja das Antlitz doch schwerlich als Originalbildnis angesehen werden kann.

Nach einer bisher unbeachtet gebliebenen Inschrift zu schliessen, hätte Karl Czerny das Deckersche Bildnis für getroffen gehalten. Auf einer englischen Nachbildung nach dem Steinmüllerschen Stich steht folgendes: „The Publishers beg to state, on the authority of Mr. Charles Czerny, Beethovens most intimate friend, that this is the only correct likness, that has been published of this great man."[1]) Niemand wird so voreilig sein, auf diese reklame-

---

[1]) So auf dem Steindruck, dessen Adresse lautet: „London published by R. Cocks & Co. Importers & Publishers of foreign Musik, 6. New Burlington St." Die Künstlerbezeichnungen lauten

mässig aufgebauschte hohe Taxierung des Deckerschen Beethoven sogleich zu schwören. Beachten wir aber trotzdem Czernys Lob als Gegengewicht zu Schindlers Tadel. Damit wird aber die Schwierigkeit in Beurteilung der Ähnlichkeit der spät fallenden Porträte nicht geringer. Einige verwandte Züge, so die nunmehr schon etwas dünne Nase und die mangelnde Fülle der Wangen haben sie mit den Beethovenbildnissen von Lyser und Tejcek gemein. Auch finden wir entsprechende Angaben in den Personsbeschreibungen. Die Zeichnung Dietrichs aus der Zeit von etwa 1821 lässt sich aber schwierig mit den späten Typen zusammenreimen. Das wurde oben schon festgestellt. Sie schliesst sich vielmehr an frühere Porträte an.

Der Typus, den Kriehubers Lithographie, beziehungsweise der Stich von Steinmüller geschaffen haben, ist allbekannt, hauptsächlich deswegen, weil Kriehuber denselben Beethovenkopf zum mindesten noch zweimal (nur etwas kleiner und im Gegensinne des ersten Blattes) auf Stein gezeichnet hat. Die eine dieser Lithographien hat als Titelbild zu Seyfrieds Buch über Beethovens Studien im Generalbass und als Beilage zu Castellis „Allgemeinem musikalischen Anzeiger" von 1832[1]) viele Verbreitung ge-

---

„F. S" (undeutlich nahe der Achsel) und „M & N Hanhart lith. Printers" (deutlich; gegen rechts).

[1]) Seyfrieds Buch erschien gleichfalls 1832. Die Lithographie Kriehubers zeigt keine Einfassungslinie. Brüstbild. Halbprofil nach rechts. Höhe des Kopfes vom Kinn bis zum Schopf 0,041. Links unten ist das Bildchen bez.: „Kriehuber lith:" rechts steht: „Ged. im lith. Inst. in Wien". Unten mitten das Faksimile von des Meisters Unterschrift: „Ludwig van Beethoven", ganz unten die Adresse: „Wien, Verlag der k. k. Hof-, Kunst- und Musikalienhandlung des Tobias Haslinger". — Nach diesem Steindrucke ist wahrscheinlich das oben erwähnte Bildchen von Buccinelli hergestellt, das sich der italienischen Übersetzung von Beethovens Studien beigegeben findet. („Studii di Beethoven ... con note di Fetis e Rossi". Milano, Giov. Canti.)

funden; die andere ist meines Wissens als selbständiges Blatt ausgegeben worden.[1]

Leider gewinnen wir trotz der Fülle dieses Materials keinen neuen Boden für ein kritisches Studium von Beethovens äusserer Erscheinung. So begreifen wir es denn auch, wenn Schindler sich angesichts einer reklamartigen Lobpreisung des „zollhohen Köpfchens" von Beethoven, wie es Kriehuber für Haslinger lithographiert hatte, zu einem geharnischten Protest gegen dieses Porträt des Meisters hinreissen lässt. Dabei geht er freilich zu weit, indem er den Kriehuberschen Steindruck für eine erst 5 Jahre nach Beethovens Tod entstandene Erfindung bezeichnet.[2] Wir wissen, dass der Typus des Kriehuberschen Beethoven zum mindesten in das Jahr 1827 zurückreicht, insofern, als er die Züge aus Deckers Zeichnung wiedergibt. Eine gewisse Porträtähnlichkeit wird indes dennoch von Schindler einmal zugestanden, dann wieder geleugnet. Etwas Abschliessendes kann auch heute über diesen Typus nicht ausgesprochen werden.

Hier muss etwas angedeutet werden, das für die letzte Zeit Beethovens charakteristisch ist. Schon früher den Künstlern nicht eben entgegenkommend, die sein Antlitz

---

[1] Gleichfalls ohne Einfassungslinie, wie das eben beschriebene Blatt, zeigt eine Höhe des Kopfes vom Kinn bis zum Schopf 0,045. Bez. links unten: „Kriehuber lith:" rechts unten: „ged. bei Leykum & Cie" (in Schreibschrift). Unten mitten das Faksimile von Beethovens Unterschrift und die Adresse von Tobias Haslinger wie vorher. Von einem dritten Steindruckblatt mit dem Brustbilde Beethovens nach dem Deckerschen Typus habe ich keine zureichenden Notizen, um sein Verhältnis an den vorerwähnten Kriehuberschen Lithographien feststellen zu können. Dieses dritte Blatt trägt die Bezeichnung: „Lith. Kriehuber" und „ged. bei Jos. Häussle in Wien".

[2] Vgl. „Allgem. Musikzeitung" von 1835, S. 117 ff. „Über Beethovens ähnlichstes Bildnis", ferner Schindlers „Beethoven-Biographie", II, S. 293.

nachbilden wollten, **verhielt sich nunmehr der Meister gegen das Gemaltwerden abweisender, denn je**. Ein Konversationsheft aus dem Winter 1825 auf 1826 enthält die folgende Stelle: „Daffinger wünscht Sie zu malen. Nicht nur wegen Ihrer Berühmtheit, sondern auch wegen Ihrer ausgezeichneten Züge..."[1]) Nun ist aber mit Bestimmtheit anzunehmen, dass Daffinger den Meister **nicht** gemalt hat, sei es, dass dem Maler überhaupt keine Sitzung gewährt wurde, oder dass dem Komponisten die Geduld riss, bevor der Maler etwas Brauchbares fertiggebracht hatte. Decker scheint der einzige Porträtist gewesen zu sein, der **damals** bei Beethoven Zutritt gefunden hat.

Die Bildnisse, die uns noch zu beschäftigen haben, sind nicht mehr zu Lebzeiten des Meisters, aber in der Zeit bald nach seinem Tode entstanden und von Künstlern geschaffen, die Beethoven noch persönlich gekannt haben. Diese Werke bilden also den Übergang zu jenen, die man schon als abgeleitete Bildnisse bezeichnen muss und die zwar in einigen Fällen als gute, ja vortreffliche Werke der modernen Kunst Beachtung verdienen oder Bewunderung erregen, die aber für eine Studie über Beethovens äussere Erscheinung kaum von irgend welchem Belang sind.

Von einem genialen Künstler, einem Maler und Zeichner, der seither weltberühmt geworden ist, von **Moritz Schwind**, stammen mehrere Beethovenfiguren und Köpfe, die zwar als Bildnisse Beethovens wohl beglaubigt sind, aber deren Entstehungszeit so gut wie sicher nach Beethovens Hingang anzusetzen ist. Da haben wir zunächst einen Kopf in einem grossen Schwindschen Skizzenbuch bei Frau Marie Baurnfeind, der Tochter des

---

[1]) L. Nohl: Beethovens Leben III. S. 697. Daffinger ist ohne Zweifel der berühmte Miniaturmaler Michael Moritz Daffinger. Vgl. neuestens August Sauer: Grillparzers Gespräche (1905).

Künstlers. Ich habe dieses, durch Überlieferung in Schwinds Familie beglaubigte Porträt in der „Gazette des beaux-arts" (bitte, nicht in der Revue des beaux arts) vom Oktober 1896 veröffentlicht.[1]) Dann war sie auf der Schubert-Danhauser-Kupelwieserausstellung in Wien zu sehen zugleich mit den Beethovenfiguren Schwinds aus der Lachnerrolle. 1897 wurde der Kopf (in richtiger Stellung) wieder abgebildet in der „Rivista musicale italiana". Ein weiterer nicht beglaubigter Beethovenkopf von Schwind wurde in der Zeitschrift „Die Musik", Heft 1 veröffentlicht. All diese Figuren oder Köpfe haben für die Kunstgeschichte insofern hohes Interesse, als sie von S c h w i n d gezeichnet sind und uns unter Umständen Rückschlüsse auf Schwinds Formengedächtnis und seine Gabe zu charakterisieren erlauben. Die Beurteilung dieser Blätter als Bildnisse Beethovens wird jedoch mit Zuhilfenahme sicherer Porträte aus Beethovens Lebenszeit zu geschehen haben, und gewiss wird man die Sache nicht auf den Kopf stellen dürfen und von Schwinds Blättern auf die früheren Bildnisse zurückzuschliessen. Das treueste Formengedächtnis täuscht nach vieljähriger Zwischenzeit. Dass Schwind den noch lebenden Meister gezeichnet hätte, ist ja nicht unbedingt auszuschliessen, aber zu beweisen ist es mit den über Schwind vorläufig bekannt gewordenen Tatsachen gewiss nicht.[2])

Kaum nach dem Leben modelliert, aber von einem

---

[1]) Ohne Angabe der Herkunft wiederholt in derselben Zeitschrift 1899 I. S. 144. Durch ein Missverständnis war der Kopf in geneigte Lage gebracht worden.

[2]) Eine Aufzählung der Tag für Tag anwachsenden Schwindliteratur würde an dieser Stelle zu weit führen. Nur sei daran erinnert, dass die Lachnerrolle neuestens in Faksimiledruck veröffentlicht worden ist (durch Hanfstaengl in München) und dass die Beethovenfiguren daraus besprochen sind in der „Neuen freien Presse" 22. und 29. Juli 1905. Einige Mitteilungen zu Schwind und Beethoven auch in meinen „Blättern für Gemäldekunde" Bd. I (1904).

talentvollen Künstler und vermutlich mit frischer Erinnerung an den lebenden Beethoven gefertigt ist die Leopold Heubergersche Medaille. Die Vorarbeit dazu, ein Medaillon von grösserem Durchmesser als die Medaille hat sich noch erhalten und wurde von mir in

Leopold Heubergers: Beethoven.

ihrem Zusammenhang mit der Medaille erkannt.[1]) ist jedenfalls identisch mit jener Medaille, deren Aus-

---

[1]) Vgl. hierzu „Neue Wiener Musikzeitung" 1890 S. 229f. (Artikel: „Beethovenbildnisse auf Medaillen"), ferner die Leipziger Ill. Ztg. 1. Aug. 1891, wo eine Abbildung des Medaillons gegeben wurde und „Hamburger Signale" 20. März 1892 S. 156.

gabe in der Beethovenbiographie von Schlosser (1828, S. 73) in Aussicht gestellt wird. Auch die „Abendzeitung"[1]) spricht in einem Nachruf an Beethoven (im April 1827) von einer Medaille auf Beethoven, die der Hofsilberarbeiter Kern prägen wird. Kern war nicht Medailleur, und eine Kernsche Beethovenmedaille ist noch nicht gesehen worden. Aus einem Zusammenhange, den ich vor einigen Jahren eingehend erörtert habe, ist zu schliessen, dass Kern die Beethovenmedaille bei Leopold Heuberger bestellt hat. Die künstlerische Leistung stammt von H e u b e r g e r.

Dann möchte ich jene Beethovenbüste erwähnen, die Ludwig August von Frankl besass, die er seinem Sohne Dr. B. Frankl v. Hochwart hinterlassen hat und die er einer älteren Überlieferung zufolge dem Maler D a n - h a u s e r zuschrieb.[2]) Bald nach dem Tode dieses Künstlers hat sie Frankl von dessen Witwe gekauft. Die Büste soll nach der Kleinschen Maske von 1812 geformt sein. Eine (freilich sehr entfernte) Anlehnung an jene Maske ist vielleicht nachzuweisen. Für die Zwecke, die wir hier verfolgen, hat diese Büste gewiss keinen grossen Wert, da sie überaus allgemein gehalten ist und noch dazu als Kunstwerk auf keiner hohen Stufe steht. Auf keinen

---

[1]) Abgedruckt bei L. Nohl „Beethoven nach den Schilderungen seiner Zeitgenossen" S. 271 ff.

[2]) In einem novellistisch gehaltenen Artikel: „An Beethovens Sterbetag", erschienen in dem Blatte „Die Donau" (redigiert von E. v. Schwarzer), wird auch diese Büste erwähnt. Es wird erzählt: „... 1846 verwendete sich unser beliebter Landschaftsmaler Raffalt zu Gunsten der armen Hinterbliebenen (Danhausers) für den Absatz einiger Büsten Beethovens aus Danhausers Nachlasse. Danhauser hatte nach der Todtenmaske eine Form vollendet, die nach dem zwölften Abgusse der Büste sprang... Beethovens Büste formte er nach einer Maske, die ein in Wien unter dem Scherznamen „der Kopfabschneider" einst bekannt gewesener, nunmehr auch verstorbener Bildhauer Klein von des lebenden Beethoven Gesicht genommen hatte".

Fall kann sie als reines Originalbildnis des Meisters gelten. Sie ist dargestellt auf dem Danhauserschen Gemälde: Musiksalon Graf mit Fr. Liszt am Klavier, das neuestens durch die Gesellschaft für vervielfältigende Kunst nachgebildet worden ist.[1]) Dieselbe Büste bildet das auffallendste Stück auf dem Beethovenstilleben der Gräfin Giulietta Gallenberg (Giucciardi).

Von geringer Bedeutung sind uns wohl auch Beethovenbüsten von Hirschhäuter und Schaller. Denn diese scheinen gar nur mehr auf Grundlage schwacher Erinnerungen an den schon kränkelnden Beethoven entstanden zu sein. Darüber, dass Hirschhäuter den Tonmeister wenigstens noch gesehen hat, belehrt uns ein allerdings mit Vorsicht aufzunehmender Artikel, der 1846 in der Zeitung „Die Donau" erschienen ist.[2]) „Hirschhäuter ging eines Tages, es war Spätherbst, das Wetter rauh, über den Platz vor der Carlskirche. An einem Sockel vor derselben lehnte Beethoven mit gekreuzten Beinen. Sein langes graues Haar flatterte im Winde. Er hielt keinen Hut in der Hand, es lag auch keiner neben ihm. Der Wind mochte ihn fortgetrieben haben oder Beethoven, zerstreut und weltunbekümmert, wie er immer gewesen war, ohne Kopfbedeckung ausgegangen."

Die Hirschhäutersche Büste dürfte übrigens erst zu Anfang der vierziger Jahre entstanden sein. Wenigstens taucht sie erst 1843 in der Wiener akademischen Kunstausstellung auf. „Beethovens Büste aus Gips" von Josef Hirschhäuter aus Baden bei Wien heisst es im Katalog jener Ausstellung (S. 26), in welcher, nebstbei bemerkt, auch die Statuette Beethovens von Preleuthner und Fern-

---

[1]) Über die Wanderungen des Bildes von Danhauser vgl. „Die Musik" 1903 II. Jahrg. S. 88.

[2]) Es ist derselbe in der vorhergehenden Note angegebene Artikel. Er spricht auch davon, dass Hirschhäuter die Kleinsche Maske benützt habe.

korn zu sehen war, die sich noch im Besitz der Gesellschaft der Musikfreunde erhalten hat. Die Hirschhäutersche Büste scheint verschollen zu sein, wenigstens konnte mir von den überlebenden Verwandten des Bildhauers niemand Nachricht von ihrem gegenwärtigen Aufbewahrungsort geben.

Die S c h a l l e r sche Beethovenbüste ist mir durch einen Abguss und eine kleine Photographie bekannt geworden. An diesen sah ich, dass die Arbeit Schallers aller jener Einzelheiten entbehrt, aus denen allein sich eine starke Porträtähnlichkeit ergeben kann. Sehr bezeichnend für seine Auffassung ist der Umstand, dass er Beethoven antikisierend kleidet. Über der rechten Schulter wird das faltige Gewand von einer Agraffe festgehalten. Ein grossser Verlust ist es wohl nicht, dass man diese Büste hat über den Kanal wandern lassen. Sie kam ungefähr 1870 in den Besitz der philharmonischen Gesellschaft in London. Nach Breunings Angabe ist sie e r s t n a c h dem Ableben des Meisters entstanden.[1])

Wollen wir der Vollständigkeit wegen noch einige Zeichnungen von L y s e r erwähnen, die sich — man möchte sagen: leider — erhalten haben und die mit der Sammlung Alois Fuchs in die Berliner Bibliothek gelangt

---

[1]) Vgl. G. v. Breuning „Aus dem Schwarzspanierhause", S. 73. Frau Prof. Fanny Linzbauer kaufte die Büste und schenkte sie „zur Zeit der hundertjährigen Geburtsjubelfeier" der Philharmonical Society in London. Eine Anfrage, die ich vor Jahren in Angelegenheit der Schallerschen Büste an die genannte Gesellschaft gerichtet habe, ist bis heute unbeantwortet geblieben. In G. Heines „Fremdenblatt" vom 26. Februar 1871, wo auch ein „Feuilleton des Pester Loyd" zitiert wird, heisst es, die Büste sei zu Lebzeiten Beethovens modelliert. Eine zuverlässige Beglaubigung dieser Angabe wird nicht beigebracht. Die Schallersche Büste ist abgebildet in „The musical Times" (Dez. 1892) und im „Beethoven" (Verlag „Harmonie").

sind. Ich meine die zwei Versuche, eine Apotheose Beethovens darzustellen. Mitten jedesmal Beethoven im Freien von zwei schwebenden Gestalten bekränzt. Nach Art der deutschen Romantik hat der Künstler dieses Mittelbild mit Astwerk und Ranken umgeben, in dem kleinere Randbilder eingeschlossen sind. Auf einer dieser Kompositionen sieht man Beethoven auf dem Sterbebette und dabei vier seiner Bekannten, unter denen der kleine Breuning besonders auffällt. Allerlei Anspielungen auf Werke Beethovens füllen die übrigen kleinen Felder. Diese Blätter sind signiert und werden durch die Datierung dem Jahre 1845 zugewiesen.[1])

Gewiss aus dem Gedächtnis, aber ohne sonderlich sicheres Erinnern ist L y s e r s Zeichnung entworfen, die Beethoven im Freien sitzend darstellt zu gleicher Zeit in die Luft blickend und auf einem grossen Notenblatt schreibend. Lyser hat es, wie den schreitenden Beethoven für das Taschenbuch „Cäcila" von 1833 nachbilden lassen, oder wohl gar für diesen Almanach besonders komponiert. Künstlerisch verfehlt, als Bildnis missglückt, bleibt diese Darstellung für uns ohne grosse Bedeutung.

Nun lasse ich auch noch eine Stimme aus der allerletzten Zeit Beethovens zu Wort kommen. Der junge, erst 15jährige F e r d. H i l l e r hat das Glück gehabt, Beethoven noch persönlich kennen zu lernen. Am 8. März 1827 wurde er durch Hummel dem Meister vorgestellt. Dieser sass am Fenster. „Er trug einen langen, grauen, im Momente gänzlich geöffneten Schlafrock und

---

[1]) 1880 notierte ich mir in Berlin die Inschriften als: „Lyser del. 1845" und „Lyser delt. 18 M. 45". Beide Blätter sind 1904 für „Die Musik" nachgebildet worden. Die Szene am Sterbebette ist erwähnt bei G. Breuning „Aus dem Schwarzspanierhause". (S. 110.) Danach wären die Umherstehenden Steffen v. Breuning, der kleine Gerhard, Schindler, Johann van Beethoven und Hüttenbrenner. Breuning nennt fünf, also eine Person zu viel. Es sind ihrer nur vier am Sterbebette dargestellt.

hohe, bis an die Kniee reichende Stiefel. Abgemagert von der bösen Krankheit, erschien er mir, als er aufstand von hoher Statur; er war nicht rasiert; sein volles halbgraues Haar fiel ungeordnet über die Schläfen. Der Ausdruck seiner Züge wurde sehr freundlich und hell, als er Hummels ansichtig wurde . . ."[1])

Ich verzichte darauf, Bethovens Äusseres während seiner letzen Krankheit noch weiter zu beschreiben. Gar zu unerfeulich wäre es, den Verfall des so reichen Lebens Schritt für Schritt am Krankenbett zu verfolgen. Nur eine beschreibende Bemerkung sei noch gegeben, die für die Beurteilung aller Beethovenbildnisse überhaupt von Belang ist. Schindler schrieb bald nach Beethovens Tod an die Mainzer „Caecilia" einen Brief über die letzten Stunden des Meisters[2]) und über den Todeskampf, der furchtbar anzusehen war: „D e n n s e i n e [Beethovens] N a t u r ü b e r h a u p t, v o r z ü g l i c h s e i n e B r u s t w a r r i e s e n h a f t."

Unsere Studien sind aber nicht zu Ende mit dem Hinscheiden des grossen Meisters, auch nicht mit seiner Beerdigung. Auch nachher haben sich Ereignisse zugetragen, die für die Bildniskunde Beethovens von Bedeutung sind. Erwähnt wurde schon, dass man Beethovens Antlitz nach seinem Tode in Gips abgeformt hat; auch wurde angedeutet, dass die dabei zustande gebrachte Maske nicht in allen Teilen zuverlässig ist. Wie das zugegangen, muss noch erörtert werden. Über den Tag, an welchem man die Maske genommen hat, sind unklare und unrichtige Angaben im Umlauf. Beethoven

---

[1]) Vgl. „Aus dem Tonleben unserer Zeit", neue Folge 1871, S. 169 ff. Über das apathische Wesen Beethovens im Herbst 1826 vgl. Selmar Bagges „Deutsche Musikzeitung" 1862, S. 77 ff.

[2]) „Caecilia" 1827 S. 310, wieder abgedruckt bei L. Nohl „Beethoven nach den Schilderungen seiner Zeitgenossen" und in Nohls „Musikalischem Skizzenbuch".

verschied am 26. März 1827 des nachmittags um 5¾ Uhr und wurde am Nachmittag des 29. März bestattet. Innerhalb dieser drei Tage wurde nicht nur das Gesicht des Meisters abgeformt, sondern auch der ganze Leichnam obduziert. Wir werden sehen, dass es nicht gleichgültig ist, welche von diesen Operationen früher ausgeführt worden ist. Der Anatom Johann Wagner nahm die Obduktion in Beethovens Wohnung[1]) vor oder er liess sie dort vornehmen. Begreiflicherweise interessierte er sich lebhaft für Beethovens Gehörorgan und liess[2]) deshalb den Sitz desselben, nämlich die Schläfbeinpyramiden, aus Beethovens Kopf heraussägen. Wer sich an die Anatomie des Schläfbeins erinnert, weiss, dass eine solche Operation zugleich die Gelenksgruben für den Unterkiefer entfernt, dass also dieser für das Aussehen des Gesichtes so überaus wichtige Knochen dabei um seinen sicheren Halt gebracht wird. Die ursprüngliche Lage ist kaum wiederzufinden. Wagner nahm das erwähnte Heraussägen an beiden Seiten vor,[3]) wo-

---

[1]) So scheint es nach dem, was Breuning a. a. O., S. 112 mitgeteilt hat. Den Obduktionsbericht finden wir bei Seyfried: „Beethovens Studien im Generalbass", Anhang, S. 49 ff. — Dort finden sich auch Angaben über die Gestalt des äusseren Ohres. Dieses hatte nichts besonders auffallendes an sich und ist auf den wenigsten Bildnissen dargestellt. Was der Anatom Joh. Wagner davon sagte sei angeführt: „Der Ohrknorpel zeigte sich gross und regelmässig geformt. Die kahnförmige Vertiefung, besonders aber die Muschel, derselben war sehr geräumig und um die Hälfte tiefer als gewöhnlich; die verschiedenen Ecken und Windungen waren bedeutend erhaben" (Obduktionsbericht).

[2]) Es scheint, dass er diese Operation nicht selbst vorgenommen hat, weil sie sonst vorsichtiger ausgeführt worden wäre.

[3]) Der Processus mastoideus (der Warzenfortsatz des Schläfebeines) ist an der linken Seite erhalten geblieben, wie ich das mit ziemlicher Sicherheit aus der kleinen Photographie des Beethovenschädels entnehme, welche in der Wiener Hof-Bibliothek bewahrt wird. (Photographie von J. B. Rottmeyer.)

durch nun begreiflicherweise die ganze untere Gesichtshälfte gänzlich entstellt und noch dazu unverbesserlich entstellt war.

Man weiss überdies, wie bei Obduktionen schon zur Zeit Wagners, des Vorgängers von Rokitansky, vorgegangen wurde. Um zum Gehirne zu gelangen, wurde ein Sägeschnitt durch das Schädeldach geführt, der es ermöglicht, dieses abzuheben. Um aber sägen zu können, muss die Kopfhaut bis weit in die Stirne herunter von der knöchernen Unterlage lospräpariert werden. All das sind Vorgänge, die notwendigerweise das Antlitz auch sonst noch beeinflussen müssen. Nun ist es aber so gut wie

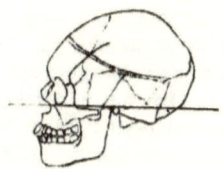

Beethovens Schädel im Profil.

sicher, dass Beethoven am 27. März obduziert worden und ganz zweifellos, dass man erst am 28. die **Maske** genommen hat.[1]) **Diese gibt uns also alle Veränderungen getreulich wieder, die Beethovens Antlitz durch die Obduktion erfahren hat.** Wenn ich diesem Behelfe fürs Studium der Ikonographie Beethovens auch nicht allen und jeden Wert absprechen will, so muss ich doch daran festhalten, dass er mit guten Masken, die von nicht zer-

---

[1]) Vgl. Breuning a. a. O., S. 112. — Schindler (Beethoven-Biographie II, S. 150) teilt ein Schreiben Steffen von Breunings mit, das am 27. März 1827 geschrieben ist. Darin heisst es: „...Morgen früh wünscht ein gewisser Danhauser einen Gipsabdruck von der Leiche zu nehmen...“; vgl. auch Th. v. Frimmel: „Jos. Danhauser und Beethoven" und „Blätter für Gemäldekunde" Bd. I. S. 88.

sägten Köpfen genommen sind, nicht in gleiche Linie gestellt werden kann.[1])

Von demselben Standpunkte aus wird auch die Zeichnung[2]) Danhausers zu betrachten sein, welche Beethovens Kopf darstellt; ebenso die Farbenskizzen[3]) von der Hand

---

[1]) Man sieht sich verleitet, wenigstens diejenigen Partien der Totenmaske für benützbar zu halten, die in ihrer knöchernen Unterlage unversehrt geblieben sind, also die obere Gesichtshälfte bis in die halbe Stirne, die Augen und ihre Umgebung, Nase, wohl auch die Wangen. Nun aber ist zu bedenken, wie verschieblich die Haut an vielen der genannten Gegenden ist. Jede Veränderung in der Spannung musste auch die Züge verändern. Nicht einmal der Abguss der Lider, der doch sonst interessant wäre, fördert unsere Kenntnis vom Antlitze Beethovens, da ja bekanntlich die parallele Stellung der Augenachsen im Tode (vgl. hierüber insbesondere Harless' Lehrbuch der plastischen Anatomie) auch im Abgusse zum Ausdrucke kommt und schon an und für sich den peinlichen Eindruck des Leblosen hervorbringt. Was etwa aus der nicht unbeträchtlichen Krümmung der Hornhaut abzuleiten wäre, dass nämlich Beethoven wenigstens nicht weitsichtig war, ist aus anderen Gründen schon bekannt. Beethoven hatte myopische Augen. Die Totenmaske Beethovens ist lithographiert nach einer Zeichnung von Moritz Krantz für den C. G. Carusschen „Neuen Atlas der Kranioskopie".

[2]) Diese Zeichnung ist von Danhauser selbst lithographiert und trägt die Datierung: „Beethoven—den 28ten März an seinem Totenbette gezeichnet 1827", sowie die Bezeichnung mit dem Künstlernamen. Demnach ist Al. Fuchs gänzlich im Irrtum, wenn er in seinem kleinen „Verzeichnis von Beethoven-Bildnissen", das er 1839 in Castellis „Allgemeinem musikalischen Anzeiger" (S. 206 f.) veröffentlichte, meint, das Danhausersche Blatt sei „eine Stunde nach" Beethovens Tod gezeichnet worden. Vgl. Lützow in „Die vervielfältigende Kunst der Gegenwart" I, S. 22. Dis Lithographie ihrerseits ist wieder photographiert (von Wendling). Unmittelba nach dem Ableben ist Beethoven vom Maler T e l t s c h e r gezeichnet worden. Das Blatt ist verschollen. (Vgl. Faust Pachler: „Beethoven und Marie Pachler-Koschak" und Frimmel „Blätter für Gemäldekunde" I. S. 88 Anm.).

[3]) Die Farbenskizzen befanden sich im Besitze August Artarias in Wien, bei welchem ich sie wiederholt gesehen habe.

desselben Künstlers, die gleichfalls den Kopf des Meisters wiedergeben, aber alle erst nach der Obduktion entstanden sind. Als Werke Danhausers, des bedeutenden Künstlers, können sie uns interessieren, nicht aber als Material für die Bildniskunde des Komponisten. Die Farbenskizzen Danhausers, die Hände darstellen, und die lange als Abbildungen der Hände Beethovens galten, sind keineswegs genügend beglaubigt, um daraus Schlüsse wagen zu können.

Auch seit dem Zeitpunkte der Beerdigung Beethovens haben sich Dinge ereignet, die hier nicht übergangen werden dürfen. Wenige Tage nach dem Begräbnis wollte sich jemand durch Bestechung des Totengräbers den Kopf Beethovens verschaffen. Die Sache wurde rechtzeitig ruchbar und der tote Tonmeister hatte vorläufig Ruhe.[1]) Im Jahre 1863 wurden aber auf Veranlassung der leitenden Elemente in der Gesellschaft der Musikfreunde Beethoven (und Schubert) exhumiert. Ihre Gebeine wurden untersucht, einige derselben hat man gemessen; dann wurde alles wieder beigesetzt.[2]) Beethovens Skelett war also auf kurze Zeit der Wissenschaft zugänglich geworden. Damit haben wir für unseren Fall auch einige Kenntnis von der knöchernen Grundlage bekommen, auf der wir unsere Rekonstruktion Beethovens aufbauen wollen. Die Längenmasse, die von den langen Röhrenknochen genommen worden sind, weisen auf eine Figur mittlerer Grösse.[3]) Andere Abmessungen zu geben, hat man leider unterlassen, sowie man

---

[1]) „Aus Moscheles Leben" I. S. 161.

[2]) Vgl. „Aktenmässige Darstellung der Ausgrabung und Wiederbeisetzung der irdischen Reste von Beethoven und Schubert, veranlasst durch die Direktion der Gesellschaft der Musikfreunde des österreichischen Kaiserstaates im Oktober 1863", Wien 1863.

[3]) Schubert erscheint dagegen klein.

auch vom Schädel[1]) des Meisters keine Masse genommen hat. Dies geschah erst bei der zweiten Exhumierung im Sommer 1888. Vorher, 1863 wurde der Schädel nur in kleinem Massstabe photographiert und,

---

[1]) Beethovens Schädel habe ich nach dem Abgusse im Jahre 1880 genau studiert. Dr. Felix v. Luschan stellte mir drei Konturzeichnungen (mit dem Lucaeschen Apparat genommen) zur Verfügung, die den Schädel von vorn, von der Seite und von oben genau in halber Grösse wiedergeben. Sie werden zu Ende dieses Bandes nachgebildet u. z. in halber Grösse des Schädelabgusses. Ich selbst habe eine Reihe von Messungen vorgenommen und das Schädelprofil mit Strichlagen modelliert nach Vorlage des Gipsabgusses und dann in der Wiener Illustrierten Zeitung (vom 18. Dezember 1880) veröffentlicht. Leider wurde der Massstab, nach welchem die Abbildungen hergestellt sind, nicht genannt. Dass eine geometrische Aufnahme mit Schattenlagen versehen wurde, war ein Zugeständnis ans Publikum. Ich möchte diesen Vorgang jetzt nicht mehr verteidigen. Über die geringe Bedeutung, die der Schädel Beethovens für die Kritik seiner Bildnisse hat, habe ich mich in der Wiener „Presse" vom 20. Oktober 1884 ausgesprochen. Seither hat Prof. Schaaffhausen den Schädel Beethovens zum Gegenstande einer Erörterung gemacht. Vgl. Korrespondenzblatt der deutschen Gesellschaft für Anthropologie usw., redigiert von J. Ranke, September 1885 (XVI. Jahrg., No. 9), sowie die Beilage der Münchener Allgemeinen Zeitung vom 13. September 1885. An Schaaffhausens Erörterungen lehnt sich ein Feuilleton der „Neuen Fr. Presse" vom 17. September 1886. Schaaffhausen hat sich später wieder über Beethovens Schädel geäussert. Vgl. Mitteilungen der anthropologischen Gesellschaft in Wien (Sitzungsbericht vom 19. April 1887 — Vortrag Ant. v. Langers u. a. über Beethovens Schädel). Alles wesentliche, was der Vortrag brachte, hatte ich schon sieben Jahre vorher veröffentlicht. Bei der Anthropologen-Versammlung zu Nürnberg scheint Langer seinen Wiener Vortrag wiederholt zu haben. Vgl. „Jahrbücher des Vereines von Altertumsfreunden im Rheinland", 84. Heft (1887), S. 205, und „Korrespondenzblatt der deutschen anthropologischen Gesellschaft", Jahrg. 1887, No. 11 u. 12. Mit den Ansichten von Lombroso und Paul Flechsig über Beethovens Schädel setzte ich mich auseinander in der Beilage zur Münchener Allgemeinen Zeitung 1898, No. 94.

so gut es gehen wollte, in Gips abgeformt. Diese kleine Photographie, der Abguss und einige Masse sind nun die Behelfe, mit denen wir uns bei Beurteilung von Beethovens Schädel zu begnügen haben. Ich lege für unsere heutigen Zwecke kein grosses Gewicht auf die Formen des Schädels, muss aber dennoch auf ihn zu sprechen kommen, weil er ja doch die feste Grundlage für das bildet, was uns hier zunächst interessiert, für den Kopf des Meisters. Der Zustand, in welchem man ihn bei der ersten Exhumierung vorgefunden hat, war ein trauriger. In nicht weniger als neun Stücke war der Schädel zerfallen gewesen; nur „die mächtige Stirn mit den Augenhöhlen und dem Oberkiefer war ganz beisammen".[1]) Ein Stück des Schädeldaches in der Scheitelgegend fehlte gänzlich. Man bemühte sich, die Bruchstücke zusammenzusetzen. Dass dies nicht mit glänzendem Erfolge geschehen ist, geht aus der erwähnten Photographie und aus dem Gipsabgusse hervor. Besonders die rechte Schläfegegend scheint gänzlich in Unordnung gekommen zu sein,[2]) kaum, dass wir aus der Stellung der linken Schläfe einen Wahrscheinlichkeitsschluss auf grosse Breite des Schädels ableiten dürften, wenn nicht die allgemeinen Formen des Schädeldaches mit Bestimmtheit darauf hinweisen würden. Der Exhumierungsbericht sagt ganz ausdrücklich, dass man offenbar bei der Obduktion „sehr roh vorgegangen" sein muss. Man erinnere sich indes auch, dass beim beiderseitigen Heraussägen der Schläfebeinpyramiden not-

---

[1]) „Aktenmässige Darstellung." S. 4.

[2]) In neuester Zeit ist von Langer vermutet worden, dass an der Stirne die äussere Knochenlamelle gefehlt habe, als man den Gipsabguss nahm. Diese Vermutung bestätigte sich keineswegs. Die äussere Lamelle ist trefflich erhalten. Nur an einer kleinen Stelle über der rechten Orbita ist die Diploë sichtbar. Die merkwürdig ungleichmässige, fast höckerige Oberfläche, die man im Gipsabgusse an der Stirne gewahrt, liegt offenbar in der Natur des unversehrten Originalknochens.

wendigerweise die knöcherne Schädelbasis in eine vordere und eine hintere Hälfte zerfallen musste. Demnach ist auch das Hinterhaupt aus seiner Lage gekommen und nur hinterher dem Schädeldache ein wenig angepasst worden.[1])

Im Jahre 1888 hat man den armen Beethoven neuerdings exhumiert. Nach allen Berichten übereinstimmend waren die Vorgänge während der Exhumierung einer wissenschaftlichen Untersuchung gerade nicht günstig. Was an brauchbaren Ergebnissen errungen wurde, ist in dem „Bericht über die am 21. Juni 1888 vorgenommene Untersuchung an den Gebeinen Ludwig van Beethovens" (in den „Mitteilungen der anthropologischen Gesellschaft in Wien") zusammengestellt.[2])

Der Schädel selbst kann uns hier also nur in seinen allgemeinsten Formen interessieren. Bestimmte Rückschlüsse auf Beethovens Äusseres sind im einzelnen nicht zu wagen, am allerwenigsten, wenn man die Schicksale des Schädels kennen gelernt hat. Ich habe die **Kleinsche Gesichtsmaske**, die **Totenmaske**, den **Schädel**, alle im Profil mit mechanischen Hilfsmitteln gezeichnet, auf gleiche Grösse gebracht und dann versucht, die drei Konturen aufeinander zu legen. **Dabei finde ich grosse Inkongruenzen.** Der Schädelabguss und die Totenmaske lassen sich in Einklang bringen, begreiflich, da sie ja beide nach der entstellenden Obduktion angefertigt sind. Die auffallendste Inkongruenz ergibt

---

[1]) Eine Betrachtung des Abgusses legt nahe, zu vermuten, dass das (entschieden stark ausladende) Hinterhaupt ein wenig nach oben verschoben ist, es müsste denn die Sägefurche mit ungewöhnlicher Unregelmässigkeit hergestellt sein.

[2]) Man beachte auch das Feuilleton der „Wiener Abendpost" vom 4. Juli 1888 („Beethovens Schädel"). In Wasielewskis „Beethoven-Biographie" wird die neuerliche Exhumierung schon als im Jahre 1885 vollzogen erwähnt, II., S. 297. Der Autor mag durch eine falsche Nachricht irregeführt worden sein.

sich aber bei Zusammenstellung der Maske von 1812 mit dem Schädel, sogar in jenen Partien desselben, die man für zuverlässig ansehen muss. Es sind das wohl zum Teile jene Inkongruenzen, auf die Hermann Welcker in seiner Arbeit über den Schädel Schillers so nachdrücklich hingewiesen hat und die sich aus dem Umstande ergeben, **dass die Weichteile nicht überall in gleicher Dicke den Schädel umgeben.**[1]) Sie mögen übrigens zu erklären sein, wie sie wollen; für uns lehren sie in erster Linie, **dass wir uns beim Wiederaufbau von Beethovens äusserer Erscheinung auf die Konturen des Schädels nur mit grossem Vorbehalt verlassen dürfen.** Nur gewisse allgemeine Beobachtungen, von dem **starken Ausladen des Hinterhauptes,** von der **grossen Breite** des Schädels überhaupt,[2]) der Nasenwurzel im besonderen, von der seltenen Form der **Stirn,** die auch im Knochenbau jene **mittleren Partien besonders vorgewölbt** erscheinen lässt, die sonst flach oder gar vertieft zu sein pflegen, nur soche Beobachtungen können für uns von Wert sein. Allenfalls beachten wir auch das stark entwickelte Kaugerüste.

Hätten wir nunmehr eine Menge von Einzelerscheinungen kennen gelernt, die sich auf Beethovens Bildnisse und auf sein Äusseres beziehen, so drängt sich notwendigerweise die Frage auf,

[1]) Vgl. Hermann Welcker: „Schillers Schädel und Totenmaske nebst Mitteilungen über Schädel und Totenmaske Kants", Braunschweig, Vieweg und Sohn 1883, auch Welckers Artikel in der „Gegenwart" vom 17. Nov. 1883.
[2]) Schon Schaaffhausen hat auf die grosse Interorbitalbreite des Beethovenschädels (0,30), obere Breite der Nasenbeine (0,15), Abstand der äusseren Orbitalränder (0,106) hingewiesen.

welches denn die sichersten Anhaltspunkte sind, wenn es gilt, in kritischer Weise den Meister wieder vor unseren Augen erstehen zu lassen. Die einzelnen Bildnisse, die Personsbeschreibungen, die Masken, die körperlichen Reste des Künstlers selbst, sie wurden geprüft und verglichen. Wer meinen Eröterungen gefolgt ist, kann nicht mehr im Zweifel sein, dass uns für unseren Zweck **nur wenige wahrhaft wertvolle Anhaltspunkte** zur Verfügung stehen. **Die Maske von 1812 nimmt darunter jedenfalls den ersten Rang ein. Die Kleinsche Büste aus demselben Jahre ist mit der Maske fast gleichwertig.** Unter den übrigen Bildnissen haben wir aber keines gefunden, das man mit gutem Gewissen ein vortreffliches nennen könnte. Wie ein Verhängnis liegt es auf all diesen Produkten, dass immer das eine von talentschwacher Hand, das andere wieder unter ungünstigen Umständen gefertigt ist. Und so konnte nichts Rechtes zustande kommen, obwohl auch geschickte Hände sich an die Arbeit gemacht hatten. Noch dazu war die Zeit Beethovens keine Blütezeit der bildenden Künste. Die guten Überlieferungen der Bildnismalerei des Barock und Rokoko waren abgerissen. Die antikisierende Richtung der Kunst zu Beginn des 19. Jahrhunderts neigte sicher nicht zu einer realistischen Auffassung des Bildnisses. Denn man versuchte die edle Einfalt und stille Grösse, die man an den damals bekannten antiken Werken bewunderte, auch ins Porträt zu verpflanzen, wobei dann freilich nur zu oft eine auffallende Leerheit, ja Charakterlosigkeit, ein völliges Nichtgetroffensein der Bildnisse erzielt wurde. Zudem hatte Wien in jener Zeit keinen Überfluss an hervorragenden Talenten. Das sind wohl unter anderen einige Hemmnisse, die es verschuldet haben, dass unter den Bildnissen Beethovens so wenige gute zu finden sind, so wenige, die bedeutenden künstlerischen Wert haben. Dass

Beethoven ein unruhiges Modell war, erschwerte allerdings die Sache, kann aber nicht die Hauptschuld daran tragen, dass seine Porträte meistens so schlecht ausgefallen sind. Fuchs, den wir Eingangs in dieser Angelegenheit vernommen haben, konnte 1845, als er Beethoven selbst für das Misslingen seiner Bildnisse verantwortlich machte, unmöglich die Verhältnisse klar überschauen, die nun mehr als fünfzig Jahre später zu jedermanns Einsicht bequem vor uns ausgebreitet liegen. Ich will keine Lanze für Beethovens ruhigen Anstand brechen — einen solchen hat er kaum jemals besessen — aber eines möchte ich andeuten: ein bildender Künstler, dessen rasche Auffassung von Form und Farbe nicht durch stupides Kopieren nach kalten Gipsen abgestumpft ist, weiss auch ein unruhiges Antlitz, eine bewegte Figur in ihren kennzeichnenden Merkmalen festzuhalten. Das war allerdings nicht Sache jener Zeit, die Ruhe und Farblosigkeit als das Ideal der bildenden Kunst betrachtete.

Die Frage nach dem ähnlichsten Bildnisse Beethovens, die schon öfter aufgeworfen worden ist, erscheint mir eine an und für sich müssige. Die Bedingungen, unter denen Bildnisse von ein und derselben Persönlichkeit entstehen, sind zu labil, um eine solche Frage zu gestatten. Nach einigen Jahren hat sich der allgemeine Standpunkt verschoben, der Ausdruck der Stimmung kann in jeder Sekunde wechseln, und was heute das Ähnlichste gewesen sein mag, ist nach Jahren ein schier unähnliches Bildnis geworden. Viel eher möchte ich die Frage darauf richten, welche Bildnisse gerade für ein bestimmtes Lebensalter des Dargestellten die bezeichnendsten sind.

Bei Beethoven ist es, wie zu bemerken war, bis zu seinem dreissigsten Jahre mit Bildnissen schlecht bestellt. Wie der Knabe ausgesehen, als er noch nicht von Pockennarben zerrissen war, das liess sich nur in den allgemeinsten Umrissen vermutungsweise angeben. Erst die

Silhouette ungefähr aus dem sechzehnten Lebensjahre Beethovens bietet uns etwas sicheren Boden. Die kleinen Bildnisse, die bald nach 1800 entstanden sind, scheinen nicht ohne Bedeutung zu sein. Sie bringen den mächtig hereinbrechenden Ernst des Lebens auch in der ernsten Miene des gehörleidenden Musikers zum Ausdruck. Dann wird der Anprall des Widerwärtigen überwunden. Ein heiteres Gesicht wird auf dem Beethovenbildnis des Hauses Brunsvik und auf der Schnorrschen Zeichnung bemerkt, die sonst ohne besonders hohen Bildniswert sind. Körperliches und geistiges Wohlbefinden herrscht nun wieder vor. Die wertvolle, von Klein 1812 gefertigte Maske zeigt uns Beethoven getreu im Alter bester Kraft. Späterhin verdankt man dem Jahre 1814 einen guten Stich, den Höfelschen, der allgemein als getroffen anerkannt ist. Nicht ohne Wert, aber mit Vorbehalt zu benutzen, sind die Bildnisse, die 1818 Klöber, und bald darauf Schimon und Stieler gemalt haben. Das Schimonsche ist unter diesen dreien vielleicht am meisten charakteristisch. Das Stielersche scheint schon einen recht merklichen Rückgang im Aussehen zu markieren. In den späteren Jahren des Meisters kommen wir aber bald wieder in Verlegenheit. Zuverlässig hatte sich das Äussere des Meisters seit den glänzenden Tagen des Kongresses nicht unmerklich verändert. Man erinnere sich an die Lebensgeschichte seit dem Spätherbst 1815. Es scheint übrigens, dass die gesunde Fülle des Gesichtes und die frische Färbung desselben erst allmählich und zeitweise, z. B. 1821, dann seit dem Sommer 1826 aber ziemlich rasch und bleibend geschwunden sind. Die Wangen waren endlich eingefallen, die Nase hatte ihre Rundung verloren. Dietrichs, Tejceks, Boehms, Lysers und Deckers Zeichnungen können für diese Zeit mit Vorsicht benützt werden. Die Totenmaske würde aber eine ganz falsche Vorstellung von Beethovens Aussehen in seiner letzten Lebenszeit hervorbringen.

Eine allgemeine Beobachtung über die Entstehung von Beethovens Bildnissen mag hier noch Platz finden. Sie treten offenbar in zwei grossen Schüben auf. Der erste Schub galt wohl dem Klavierspieler Beethoven und beginnt fast zugleich mit dem Jahrhundert. Mehrere Stiche, die Hornemansche Miniatur, Mählers erstes Bild, das Gemälde von Neugass, das Brunsvikbildnis und Schnorrs Skizze entstehen in kurzer Aufeinanderfolge bis gegen 1807. Die Kleinsche Büste steht dann vereinzelt. Der zweite Schub erfolgte später, als Beethoven zur Zeit des Wiener Kongresses plötzlich seinen Weltruhm als Komponist erreicht hatte. Der Höfelsche Stich, der von Riedel, die Bilder von Mähler und Heckel, die Lithographie von Wintter folgen rasch aufeinander, wie es denn auch später bis 1827 an Beethovenbildnissen nicht fehlt, wiewhol der Meister sich nur ungern durch Gemaltwerden belästigen lässt. Künstler, die keine Sitzungen erzielen können, skizzieren ihn auf dem Spazierwege.

Belebend und ergänzend treten zu der Reihe der Bildnisse die Personsbeschreibungen hinzu. Das A u g e ,[1]) das wir gezeichnet und unbeweglich vor uns sehen, gewinnt neuen Glanz; sein Blick richtet sich wohlwollend oder zürnend gegen uns, wenn wir lesen, was für einen Eindruck der musikalische Titane auf diesen oder jenen Beobachter gemacht hat. Dann vergessen wir auch nicht die Tracht, die Bewegung, das lebhafte Mienenspiel, das rasche Wesen, wie es im Meister lag, oder die gänzliche Versunkenheit in künstlerisches Schaffen. So mangelhaft auch unsere Hilfsmittel im einzelnen sind, beachten wir sie nur in ihrer gegenseitigen Ergänzung und in ihrer zeitlichen Reihenfolge, so steht Beethoven doch vor uns da als ob er leibte und lebte: von untersetzter

---

[1]) An mehreren Stellen ist schon darauf hingewiesen worden, dass Beethovens Auge braun war. Eine Myopie mittleren Grades wurde festgestellt.

mittelgrosser Statur, eine fast derbe Gestalt, bekrönt von einem Haupte, das ungewöhnlich gross ist und durch den dichten Wuchs des schwarzen (später grauen) H a a r e s[2]) noch grösser erscheint. Denn dieses ist nicht sorgfältig niedergekämmt, sondern hat die abenteuerlichsten Formen angenommen, je nachdem es der Meister eben zurückgestrichen oder der Wind tüchtig zerzaust hat. Die breite S t i r n ist in den mittleren Partien merklich vorgewölbt, sie ist nicht glatt, sondern erscheint höckerig im grossen und im kleinen. Die buschigen B r a u e n verlaufen in mässigem Bogen. Etwas tief liegen die kleinen myopischen, braunen Augen, die wie der ganze Mann sehr beweglich sind. Die N a s e sitzt breit in dem brünetten wohlgenährten, stark geröteten Gesichte, das fast überall mit Grübchen übersät ist, die von den Pocken zurückgeblieben sind. Der M u n d ist breit, wie der ganze Kopf überhaupt, das K i n n asymmetrisch, durch tiefe Gruben in seiner rechten Hälfte verkümmert. Eine Querfurche rechts in halber Höhe, ungefähr zwischen Mund und dem unteren Kinnrand, ist sehr charakteristisch.

---

[2]) Haarbüschelchen Beethovens haben sich in grosser Anzahl erhalten. Die Sammlung der Gesellschaft der Musikfreunde in Wien besitzt als Geschenk Julius Epsteins eine solche Reliquie. Andere Büschelchen im Beethovenhaus zu Bonn, im Besitz der Firma Breitkopf & Härtel in Leipzig, bei der Fürstin Pauline Metternich in Wien (mit dieser Besitzangabe 1892 in Wien ausgestellt), bei Frau Hofrätin Ella von Lang in Wien. Das Büschel, das an Anton Halms Frau gelangt war und zu dem Schindler (II 177 und 189) einen Scherz zu erzählen weiss, ist geteilt worden. Die Hälfte befand sich vor kurzem im Besitz des Fräuleins Nesti Pacher in Wien. Das Halmbüschel stammt vom Beethoven des Jahres 1826 und ist am 25. April jenes Jahres abgeschnitten worden. Zwischen den dunkelbraunen Haaren sind schon genug weisse. — Die übrigen Haarbüschel, alle mit reichlicher Beimischung von weissen zu den braunen Haaren, dürften vom toten Meister stammen, der nicht einmal auf dem Totenbette vor Leuten Ruhe hatte, die ihn ausnützten.

Ein ganz kleiner Backenbart vor dem Ohre wird bemerkt. Kräftige, fast plumpe rote Hände mit kurzen breiten Fingern entsprechen dem Wesen des Ganzen.

So tritt Beethoven vor uns zur Zeit, als die Maske genommen wurde, also in seinem zweiundvierzigsten Jahre. Sechs Jahre aufwärts, sechs Jahre abwärts und wohl noch mehr, mögen ihn ziemlich ebenso gesehen haben. Vorher und danach scheint des Meisters Antlitz nicht so voll gewesen zu sein. Um 1814 verschwindet der kleine Backenbart. In seinen Jünglingsjahren trug er wohl die zeitgemässe Perücke. Seit ungefähr 1817 (wohl 1815 auf 1816) beginnt er zu ergrauen.

Die Tracht ist abwechselnd fein und modisch, dann wieder vernachlässigt, schmutzig. Meist schliesst sie sich an die in Wien allgemein gebräuchliche an und macht der Reihe nach ihre Wandlungen durch. Die recht voluminösen Skizzenhefte, wohl auch die Konversationshefte, die der Meister bei sich in den Taschen zu tragen pflegte, liessen indes die vom Schneider beabsichtigte Wirkung selten zur Geltung kommen, am allerwenigsten in den letzten Jahren des Meisters, die sein Äusseres überhaupt sehr vernachlässigt erscheinen lassen.

Unrichtig benannte und falsche Beethovenbildnisse.

Bis vor einiger Zeit wäre es überflüssig gewesen, einer Studie über die Bildnisse Beethovens auch einen Anhang über die falschen Porträte des Meisters beizugeben. Die internationale Ausstellung für Musik und Theaterwesen von 1892 hat uns aber darüber belehrt, dass nunmehr eine Zeit angebrochen ist, die es erheischt, auch über Beethovenbildnisse zu schreiben, d i e k e i n e s i n d. Hatte man doch im Beethovenzimmer zu Anfang der Ausstellung nicht weniger als d r e i falsche Bildnisse mit unter die echten gemischt. Eines davon war längst in der Öffentlichkeit entlarvt und als Bildnis des Kunsthändlers Wittich erkannt worden. Das zweite ist mit nicht geringerer Sicherheit als ein Bildnis nicht Beethovens, sondern des Dichters Max von Schenkendorf nachgewiesen worden. Und das dritte hatte überhaupt erst kurz vorher die Taufe auf Beethoven erhalten. Dieses dritte falsche Bildnis, eine Zeichnung von Joseph Danhauser (geb. 1805, gest. 1845), war nach einem plötzlichen Einfall ihres Besitzers im Winter 1891 auf 1892 für ein Beethovenbildnis ausgegeben worden, obwohl weder ein Schatten von Porträtähnlichkeit, noch eine Spur von Überlieferung auf Beethoven hinwiesen.

Ich will die Streitigkeiten, die sich an diese Angelegenheit knüpften, nicht wieder erneuern, da alles Wesentliche dazu in meinem Hefte „Jos. Danhauer und Beethoven" (Wien, 1892) ohnedies gedruckt ist. Man mag dazu noch vergleichen die Notizen in der „Neuen Freien Presse" vom 28. und 29. Juni, sowie vom 3. und 8. Juli 1892. Einige Bemerkungen zum W i t t i c h und um S c h e n k e n d o r f mögen aber hier Platz finden.

Etwa im April oder Mai 1869 waren von der Carl Haslingerschen Musikalienhandlung Photographien in verschiedener Grösse nach einem Stiche mit einer (vermeintlichen) Beethovenfigur ausgegeben worden. Der Stich ist von Fr. Jügel nach einer Zeichnung Buchhorns gefertigt. Nachricht von jenen Photographien findet sich schon am 14. Mai 1869 im Wiener „Fremdenblatt". Die Photographien fanden viele Verbreitung. Eine Nachbildung in Holzschnitt wurde (0,23 hoch) von der Leipziger illustrierten Zeitung vom 18. Dezember 1869 (No. 1381) gebracht. Diese Veröffentlichung in der viel gelesenen Zeitschrift führte zur Klärung des Zusammenhanges, der von demselben Blatt einige Wochen später mitgeteilt wurde. In der No. 1389 vom 12. Februar 1870 las man, es habe sich „durch die Nachforschungen des Herrn Dr. Karl Wittich in Berlin" herausgestellt, dass der Stich den „Buch- und Kunsthändler L. W. Wittich darstellt, in dessen Nachlass sich denn auch die Platte und eine Anzahl Abdrücke . . . vorgefunden haben". Haslinger und Wittich hatten in Geschäftsverbindung gestanden. So war der Stich an Tobias Haslinger gekommen, dessen Nachfolger den Zusammenhang nicht mehr kannte. Nachdem die Sache einmal aufgeklärt war, nahm auch der E. H. Schrödersche Porträtkatalog auf den Irrtum: Beethoven statt Wittich Rücksicht (1875 und 1879). Auch später beachtete ein Artikel von Dr. Alfred Christian Kalischer in der Vossischen Zeitung den richtigen Zusammenhang.

Das Bildnis des Dichters Max von Schenkendorf, das ebenfalls nur kurze Zeit als Beethovenporträt gegolten hat, sei diesmal nur ganz kurz behandelt, da ich in der Zeitschrift „Daheim" vom 21. März 1891[1]) den wahren Sachverhalt nachgewiesen habe. Der Schenkendorf wurde bald nach Eröffnung der Wiener Ausstellung wieder aus der Beethovenkoje entfernt, wie Richard Heuberger in einem Feuilleton des Wiener Tagblattes mitteilt (am 11. August 1892). Die anderen zwei falschen Bildnisse blieben aber dort und haben bis zu Ende der Ausstellung dazu beigetragen, bei jenen Besuchern, die den Zusammenhang nicht von anderswoher kannten, die ver-

---

[1]) Der Aufsatz wurde von der Verlagshandlung auch eingerückt in „Velhagen und Klasings neue Monatshefte" vom April 1891. Hierzu auch Lützows Kunstchronik N. F. II. Sp. 28 und Hamburger Signale vom 5. März 1892 (S. 140).

worrensten Vorstellungen von Beethovens äusserer Erscheinung zu erwecken.

Noch andere falsche Bildnisse sind hier zu erwähnen. 1880 auf 81 auf der Ausstellung historischer Porträte im Wiener Künstlerhause, dann etwa zehn Jahre später auf der Wiener Grillparzerausstellung war ein Ölgemälde zu sehen, ein lebensgrosses Brustbild, das seine Benennung auf Beethoven lediglich der Laune seines Besitzers verdankte. Von Ähnlichkeit mit Beethovens Zügen keine Spur. Schon 1880 habe ich mündlich und schriftlich (in der „Vossischen Zeitung") auf den Irrtum hingewiesen. Dies geschah dann wieder in einem Vortrag im wissenschaftlichen Klub zu Wien und in dem Artikel „Neue Erscheinungen auf dem Gebiet der Beethovenbildnisse" in der „Neuen Wiener Musikzeitung" (in V. Kratochwills Verlag) vom 20. März 1890. (S. 138 f.). Seit der Grillparzerausstellung ist dieses angebliche Beethovenporträt, das eigentlich niemals offen anerkannt worden ist, abgebildet worden.[1]) Diesen Schritt kann man nur mit Freuden begrüssen, da nun jedermann Gelegenheit hat, sich selbst ein Urteil über die Sache zu bilden. Nun kann man es sich ausrechnen: Porträtähnlichkeit $= 0$, Beglaubigung $= 0$. Das ist bald addiert und spricht nicht zu gunsten des Bildes. In eigensinnigen Köpfen ist freilich $0 + 0 =$ Beethovenbildnis.

Die vier bisher erwähnten falschen Beethovenbildnisse sind diejenigen, die am meisten von sich haben reden gemacht. Daneben aber treiben sich im Wiener Kunsthandel und anderswo noch genug Porträte umher, die ge-

---

[1]) In der Zeitschrift „Kunst, Monatsschrift für Kunst und alles andere" (Redaktion Peter Altenberg), Novemberheft 1903. Das Klischee wurde dann wieder abgedruckt in der Zeitschrift „Österreichs Illustrierte Zeitung" vom 22. November 1903, S. 160. Eine Erwähnung und kurze Kritik in meinen „Blättern für Gemäldekunde" Band I.

legentlich den Namen Beethoven erhalten haben, oder ihn noch erhalten, mit einer Willkür, wie man etwa Kinder tauft. Die unvernünftigsten Zuschreibungen kommen vor, so dass auch rotblonde Köpfe gelegentlich als Bildnisse Beethovens angesehen werden. Bald nach dem Erscheinen der ersten Auflage meines Beethovenbuches bekam ich eine Menge falscher Beethovenbildnisse zu Gesicht;[1]) und neuerlich nach dem Erscheinen der kleinen Streitschrift „Jos. Danhauser und Beethoven" wurden mir ebenfalls einige solche Porträte zur Begutachtung gesendet. In die Reichenberger Miniaturenausstellung von 1903 war ein Brustbild aufgenommen, das von Buchhorn gemalt sein soll und angeblich Beethoven darstellt. Es gehört einer Dame in Berlin. Die „Mitteilungen des nordböhmischen Gewerbemuseums" (XXI. Bd. Heft 2 S. 43 und 47) brachten eine Erwähnung und Abbildung dieser Miniatur. Wenn nicht alles auf dieser Abbildung täuscht, so ist da ein hellblonder, schwachknochiger zarter junger Mann dargestellt, dessen Äusseres von dem des jungen Beethoven himmelweit absteht. Um eine Beglaubigung des Bildchens habe ich mich vergeblich bemüht. Wäre aber auch eine vorhanden, so könnte sie doch die vollständige Unähnlichkeit nicht beseitigen.

Noch sei erwähnt, dass unrichtig benannte Beethovenbildnisse unter anderen vorgekommen sind auf der Wiener Versteigerung Posony im Februar 1887, ferner auf der Versteigerung Adolf Kohn in Wien im Dezember 1889 und auf der Winer Auktion Einsle vom Januar 1897.

---

[1]) Vgl. „Neue Wiener Musikzeitung" vom 20. März 1890 und H. Pohles „Hamburger Signale" vom 5. März 1892.

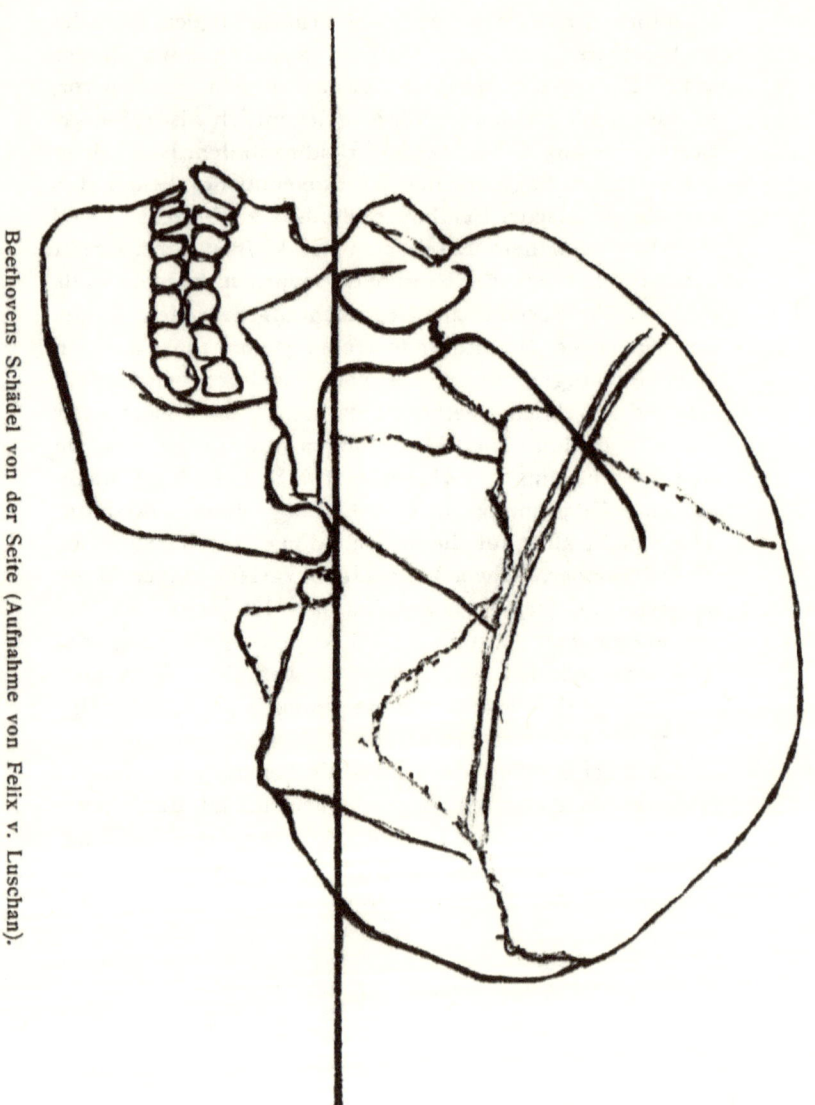

Beethovens Schädel von der Seite (Aufnahme von Felix v. Luschan).

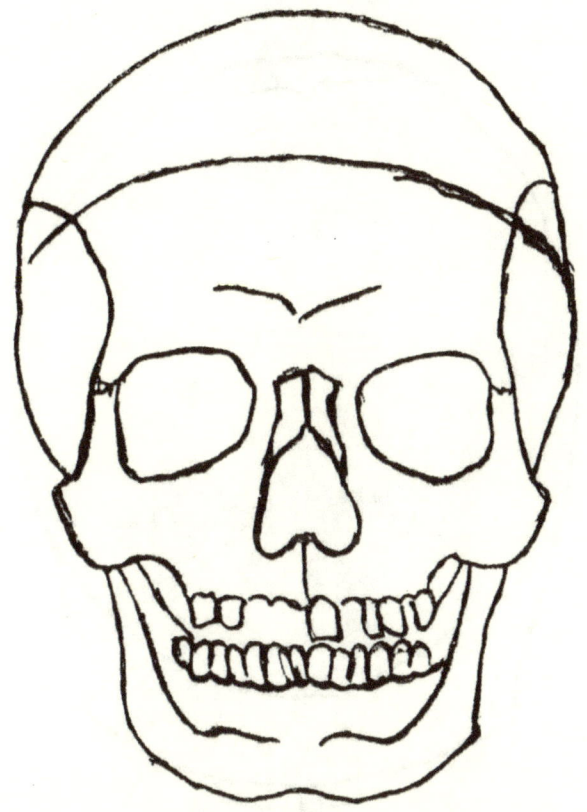

Beethovens Schädel von vorne (Aufnahme von Felix v. Luschan). Zu S. 152.

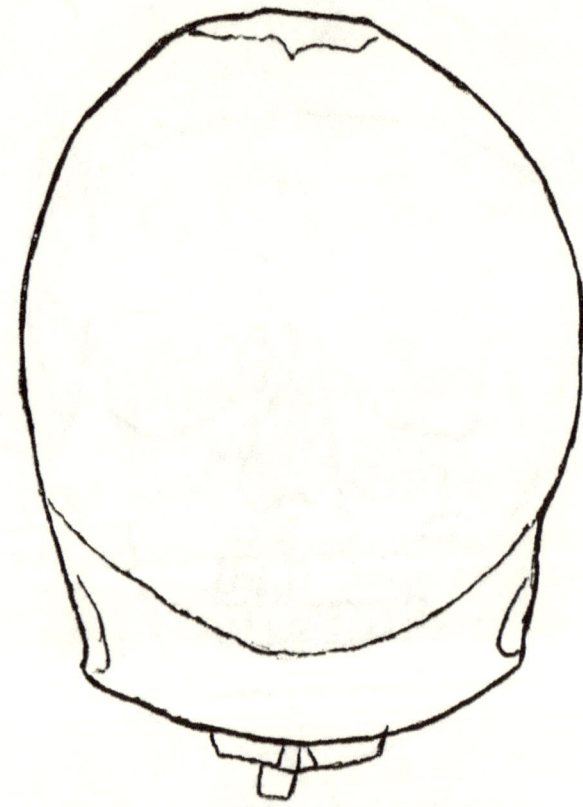

Beethovens Schädel von oben (Aufnahme von Felix v. Luschan).

Ebenfalls im SEVERUS Verlag erhältlich:

Theodor von Frimmel
Beethoven Studien II: Bausteine zu einer Lebensgeschichte des Meisters
SEVERUS 2010 / 292 S. / 29,50 Euro
ISBN 978-3-942382-81-6

Ludwig van Beethoven, heute einer der meistaufgeführten Komponisten der Welt, wurde 1770 in Bonn geboren. Sein ehrgeiziger und alkoholabhängiger Vater wollte ihn zu einem „Wunderkind" à la Mozart machen und trieb ihn gewaltsam an. Schon bald war Beethoven der herausragendste Komponist und Klavierspieler Wiens. Er galt als Meister der Improvisation, seine Kammermusik bezeichnete man als vollkommen neuartig. Seine zahlreichen Symphonien, Klavierkonzerte, Streichquartette, Klaviersonaten, Messen und die Oper *Fidelio* führten die Wiener Klassik zu ihrem Höhepunkt und ebneten der Romantik ihren Weg. Beethoven, der seine letzten Jahre in völliger Taubheit verbrachte, komponierte noch bis ins hohe Alter hinein. Die Töne, die durchdrungen waren vom revolutionären Geiste, hatte er im Kopf. Abgeschieden von der Außenwelt starb das vereinsamte Genie 1827.

Theodor von Frimmel schildert in der vorliegenden Biographie eindrucksvoll Stationen aus dem Leben Beethovens. Er durchleuchtet die gesellschaftlichen Kreise des Komponisten und nennt bis dahin noch ungekannte Quellen. Gestützt werden seine Aussagen durch Augenzeugenberichte und Zitate Beethovens.

www.severus-verlag.de

Bisher im SEVERUS Verlag erschienen:

Achelis, Th. Die Entwicklung der Ehe * **Andreas-Salomé, Lou** Rainer Maria Rilke * **Arenz, Karl** Die Entdeckungsreisen in Nord- und Mittelafrika von Richardson, Overweg, Barth und Vogel * **Aretz, Gertrude (Hrsg)** Napoleon I - Briefe an Frauen * **Ashburn, P.M** The ranks of death. A Medical History of the Conquest of America * **Avenarius, Richard** Kritik der reinen Erfahrung * **Bernstorff, Graf Johann Heinrich** Erinnerungen und Briefe * **Binder, Julius** Grundlegung zur Rechtsphilosophie. Mit einem Extratext zur Rechtsphilosophie Hegels * **Bliedner, Arno** Schiller. Eine pädagogische Studie * **Braun, Lily** Lebenssucher * **Braun, Ferdinand** Drahtlose Telegraphie durch Wasser und Luft * **Burkamp, Wilhelm** Wirklichkeit und Sinn. Die objektive Gewordenheit des Sinns in der sinnfreien Wirklichkeit * **Caemmerer, Rudolf Karl Fritz Die** Entwicklung der strategischen Wissenschaft im 19. Jahrhundert * **Cronau, Rudolf** Drei Jahrhunderte deutschen Lebens in Amerika. Eine Geschichte der Deutschen in den Vereinigten Staaten * **Cushing, Harvey** The life of Sir William Osler, Volume 1 * The life of Sir William Osler, Volume 2 * **Eckstein, Friedrich** Alte, unnennbare Tage. Erinnerungen aus siebzig Lehr- und Wanderjahren * **Eiselsberg, Anton Freiherr von** Lebensweg eines Chirurgen. * **Elsenhans, Theodor** Fries und Kant. Ein Beitrag zur Geschichte und zur systematischen Grundlegung der Erkenntnistheorie. * **Ferenczi, Sandor** Hysterie und Pathoneurosen * **Fourier, Jean Baptiste Joseph Baron** Die Auflösung der bestimmten Gleichungen * **Frimmel, Theodor von** Beethoven Studien I. Beethovens äußere Erscheinung * Beethoven Studien II. Bausteine zu einer Lebensgeschichte des Meisters * **Fülleborn, Friedrich** Über eine medizinische Studienreise nach Panama, Westindien und den Vereinigten Staaten * **Goldstein, Eugen** Canalstrahlen * **Heller, August** Geschichte der Physik von Aristoteles bis auf die neueste Zeit. Bd. 1: Von Aristoteles bis Galilei * **Helmholtz, Hermann von** Reden und Vorträge, Bd. 1 * Reden und Vorträge, Bd. 2 * **Kalkoff, Paul** Ulrich von Hutten und die Reformation. Eine kritische Geschichte seiner wichtigsten Lebenszeit und der Entscheidungsjahre der Reformation (1517 - 1523), Reihe ReligioSus Band I * **Kerschensteiner, Georg** Theorie der Bildung * **Külz, Ludwig** Tropenarzt im afrikanischen Busch * **Leimbach, Karl Alexander** Untersuchungen über die verschiedenen Moralsysteme * **Liliencron, Rochus von/Müllenhoff, Karl** Zur Runenlehre. Zwei Abhandlungen * **Mach, Ernst** Die Principien der Wärmelehre * **Mausbach, Joseph** Die Ethik des heiligen Augustinus. Erster Band: Die sittliche Ordnung und ihre Grundlagen * **Müller, Conrad** Alexander von Humboldt und das Preußische Königshaus. Briefe aus den Jahren 1835-1857 * **Oettingen, Arthur von** Die Schule der Physik * **Peters, Carl** Die deutsche Emin-Pascha-Expedition * **Poetter, Friedrich Christoph** Logik * **Popken, Minna** Im Kampf um die Welt des Lichts. Lebenserinnerungen und Bekenntnisse einer Ärztin * **Rank, Otto** Psychoanalytische Beiträge zur Mythenforschung. Gesammelte Studien aus den Jahren 1912 bis 1914. * **Rubinstein, Susanna** Ein individualistischer Pessimist: Beitrag zur Würdigung Philipp Mainländers * Eine Trias von Willensmetaphysikern: Populär-philosophische Essays * **Scheidemann, Philipp** Memoiren eines Sozialdemokraten, Erster Band * Memoiren eines Sozialdemokraten, Zweiter Band * **Schweitzer, Christoph** Reise nach Java und Ceylon (1675-1682). Reisebeschreibungen von deutschen Beamten und Kriegsleuten im Dienst der niederländischen West- und Ostindischen Kompagnien 1602 - 1797. * **Stein, Heinrich von** Giordano Bruno. Gedanken über seine Lehre und sein Leben * **Thiersch, Hermann** Ludwig I von Bayern und die Georgia Augusta * **Tyndall, John** Die Wärme betrachtet als eine Art der Bewegung, Bd. 1 * Die Wärme betrachtet als eine Art der Bewegung, Bd. 2 * **Virchow, Rudolf** Vier Reden über Leben und Kranksein * **Wernher, Adolf** Die Bestattung der Toten in Bezug auf Hygiene, geschichtliche Entwicklung und gesetzliche Bestimmungen * **Weygandt, Wilhelm** Abnorme Charaktere in der dramatischen Literatur. Shakespeare - Goethe - Ibsen - Gerhart Hauptmann * **Wlassak, Moriz** Zum römischen Provinzialprozeß

www.severus-verlag.de

www.ingramcontent.com/pod-product-compliance
Lightning Source LLC
Chambersburg PA
CBHW021709230426
43668CB00008B/776